Carnet de Croquis de Mode

SILHOUETTES ADOLESCENTES

Du débutant à l'avancé

Niky Jadesson

© Copyright 2025 - Niky Jadesson
Tous droits réservés.

Aucune partie de ce livre ne peut être reproduite, stockée dans un système de recherche ou transmise, sous quelque forme ou par quelque moyen que ce soit – électronique, mécanique, photocopie, enregistrement ou autre – sans l'autorisation écrite préalable de l'auteur ou de l'éditeur.

Mention légale :
Cette publication est protégée par la loi sur le droit d'auteur. Elle est destinée à un usage personnel, éducatif et non commercial uniquement. Copier, modifier, vendre ou distribuer tout ou partie de ce livre sans consentement écrit est strictement interdit.

Avertissement :
Ce carnet de croquis a été conçu à des fins d'apprentissage créatif et éducatif. Bien que tous les efforts aient été faits pour fournir un contenu précis et inspirant, l'auteur et l'éditeur ne garantissent aucun résultat particulier. Le contenu est destiné aux étudiants et aux jeunes créatifs intéressés par l'illustration et le design de mode.

L'auteur et l'éditeur déclinent toute responsabilité découlant de l'utilisation de ce livre.

Merci de respecter les droits du créateur !

Page de dédicace

À tous les jeunes rêveurs qui croient
que la mode est un art d'expression de soi,

Ce livre a été créé pour vous – pour explorer, pratiquer et créer avec confiance.

Que chaque page vous rappelle que votre imagination est puissante et que vos idées comptent.

Continuez à dessiner, à rêver et à croire en votre style unique.

Avec créativité et cœur,

Niky Jadesson

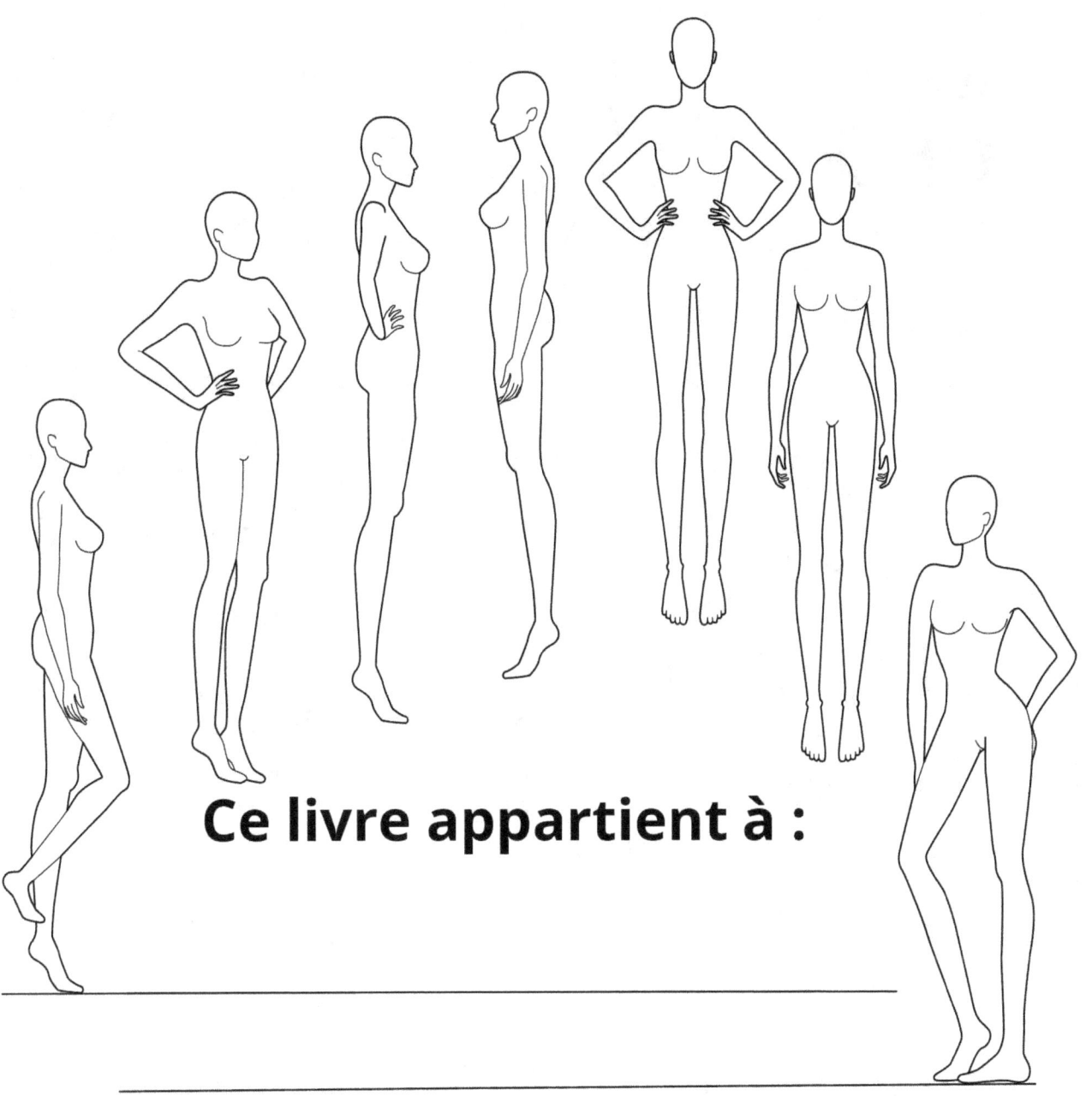

Ce livre appartient à :

_____

_____

(votre nom)

Niky Jadesson

Merci !
(introduction)

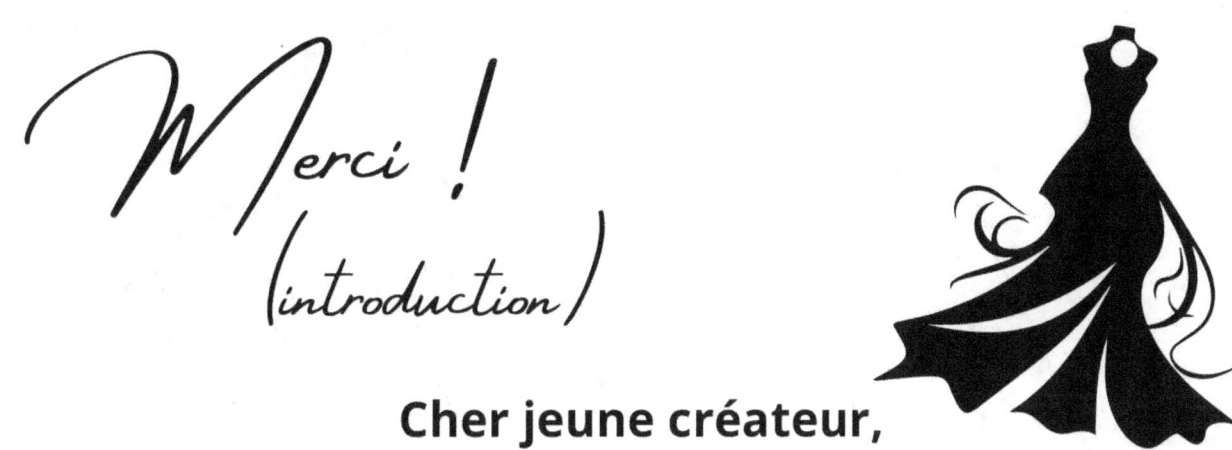

Cher jeune créateur,

Merci d'avoir choisi ce carnet de croquis et d'avoir commencé ton voyage créatif !

J'espère qu'il t'inspirera à explorer la mode, à dessiner avec audace et à t'amuser en découvrant de nouvelles idées. Chaque page est ton espace pour expérimenter, t'exercer et exprimer ton style personnel.

Si tu souhaites rester informé des futurs ouvrages ou partager ton avis, j'aimerais beaucoup avoir de tes nouvelles. Il te suffit de rechercher « **Niky Jadesson Books** » en ligne.

Ton soutien compte énormément. Si ce livre t'a été utile, laisser un petit avis aide d'autres lecteurs à le découvrir et soutient l'édition indépendante.

Avec toute ma gratitude,

Autographe /
Signé avec amour

Cher / Chère _____,

Ce carnet de croquis est pour toi – pour créer, imaginer et exprimer ta vision unique.

Souviens-toi : chaque trait que tu dessines te rapproche un peu plus de ton rêve de devenir un véritable styliste de mode.

De tout mon cœur,

_____
(Signature)

Date : _____

Table des matières

Partie I – Pages d'introduction
1. Page de titre 1
2. Page des droits d'auteur 2
3. Page de dédicace 3
4. Pages à colorier (inserts créatifs) 4, 6, 8, 10, 14, 16, 34, 144, 146
5. Ce livre appartient à 5
6. Merci ! (message d'introduction) 7
7. Autographe / Signé avec amour 9
8. Table des matières 11–12
9. Bienvenue ! 13
10. Préface de l'auteure 15
11. Comment utiliser ce carnet de croquis 17
12. Mes objectifs et inspirations 18
13. Outils et matériaux pour le croquis de mode adolescent 19
14. Conseils pour bien commencer 20

Partie II – Éducation et fondamentaux 21
15. Brève histoire de la mode ado – Des styles classiques aux tendances modernes 22
16. Silhouettes et morphologies adolescentes – Trouver ton style 23
17. Théorie des couleurs dans la mode ado – Exprime-toi ! 24
18. Tissus et textures – Quand les vêtements prennent vie 25
19. Outils de croquis de mode – Traditionnels et numériques 26
20. Étape par étape : tenue décontractée du quotidien 27
21. Étape par étape : tenue de fête ou de soirée 28
22. Erreurs de création courantes (et comment les éviter) 29
23. Conseils et astuces pour jeunes créateurs 30
24. Guide étape par étape de ce carnet 31
25. Les bases du croquis de mode – pas à pas 32
26. Look de mode facile et rapide pour tous les jours 33

Table des matières

Partie III – Carnet de croquis et pratique 35
 27. Guide de pratique et notes de mode 36, 44, 51, 58, 65, 72, 80, 87, 94, 101, 108, 116
 28. Inspiration Tenue : streetwear 37, 45, 52, 59, 66, 73, 81, 88, 95, 102, 109, 117
 29. Gabarits de corps – Silhouettes adolescentes (vue de face, dos et profil) 38–41, 46–48, 53–55, 60–62, 67–69, 74–77, 82–84, 89–91, 96–98, 103–105, 110–113, 118–120, 123–130
 30. Tes notes et photos d'inspiration 42, 49, 56, 63, 70, 78, 85, 92, 99, 106, 114, 121
 31. Inspiration tenues : école, week-end et tendances 43, 50, 57, 64, 71, 79, 86, 93, 100, 107, 115, 122

★ **Remarque** : Les gabarits de corps – silhouettes adolescentes et les pages d'entraînement sont intentionnellement répétées afin de renforcer la confiance, la créativité et le développement d'un style cohérent.

Partie IV – Pages finales et suppléments 131
 32. Gabarits de corps – Silhouettes adolescentes (vue de face, dos et profil) 132
 33. Exercices créatifs 133–140
 34. Liste de vérification pour jeunes stylistes 141
 35. Mes tissus et marques préférés – Notes et échantillons 142
 36. Mon journal personnel de mode 143
 37. Félicitations ! Tu l'as fait ! 145
 38. Merci ! (message final) 147
 39. Merci d'avoir choisi ce livre ! 148
 40. À propos de l'auteure 149
 41. Mini-glossaire des termes de mode (pour ados) 150
 42. Certificat de réussite – Carnet de croquis de mode : Édition Ado 151

Bienvenue !

Salut, âme créative — bienvenue dans ton univers de mode !

La mode, ce n'est pas seulement des vêtements ou des tendances : c'est toi.

C'est ta manière d'exprimer qui tu es, ce qui t'inspire et la confiance que tu dégages.

Chaque croquis que tu réalises raconte une histoire, et chaque création que tu imagines donne vie à ta personnalité.

Ce carnet a été conçu pour t'aider à explorer, expérimenter et évoluer en tant que jeune créateur ou créatrice.

Prends ton temps, joue avec les formes, les tissus et les couleurs — et surtout, amuse-toi !

Que tu sois débutant(e) ou déjà en train de créer ton propre style, cet espace est le tien — un lieu sûr pour rêver grand et dessiner librement.

Nous sommes ravis de faire partie de ton voyage créatif.

**Alors, attrape ton crayon —
ton histoire de mode commence ici !**

Bonne création,

Niky Jadesson

Préface de l'auteure

Cher lecteur, chère lectrice,

Bienvenue dans l'édition pour adolescents du Carnet de croquis de design de mode !

Ce livre a été créé pour stimuler ton imagination et guider ta créativité — que tu rêves de devenir styliste ou que tu aimes simplement t'exprimer à travers l'art.

À l'intérieur, tu trouveras à la fois de la structure et de la liberté :
- **Structure** – des pages qui t'enseignent les silhouettes, les tissus et les techniques de dessin.
- **Liberté** – des modèles, des idées de tenues et des exercices créatifs qui laissent briller ta personnalité.

La mode, c'est avant tout la confiance — c'est ta voix, sans paroles.

À travers chaque croquis, j'espère que tu apprendras à faire confiance à ton style et à découvrir ce qui rend ta vision unique.

Ne t'inquiète pas des lignes « parfaites ». Ce qui compte, c'est de continuer à créer, à explorer et à t'amuser.

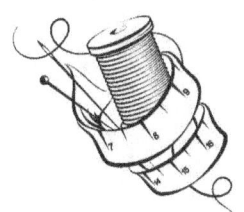

Avec passion et gratitude,

Niky Jadesson

Comment utiliser ce carnet de croquis

Ce carnet est ton terrain de jeu créatif — un mélange d'apprentissage, de pratique et de rêve !

Voici comment en tirer le meilleur parti :

- **Expérimente librement** – Essaie différentes idées de tenues, de silhouettes et de couleurs. N'aie pas peur de te tromper — les erreurs font partie de l'apprentissage.
- **Prends des notes** – Note tes idées, les tendances que tu aimes ou les tissus qui t'inspirent.
- **Utilise les modèles** – Les silhouettes d'adolescents t'aident à visualiser des proportions réelles et des tenues équilibrées.
- **Ajoute de l'inspiration** – Colle des découpes de magazines, des photos ou des échantillons de tissus sur les pages de notes.
- **Compare et progresse** – Redessine tes anciens croquis pour voir tes améliorations.
- **Crée des collections** – Conçois des tenues à thème (streetwear, looks d'école, tenues de soirée).

Que tu dessines pour le plaisir ou pour préparer ton avenir dans la mode, ce carnet est ton atelier — un lieu où créativité et confiance se rencontrent.

Mes objectifs et inspirations

Le design de mode, c'est bien plus que dessiner des vêtements — c'est une façon d'exprimer ton humeur, ton style de vie et ton imagination.

Utilise cette page pour réfléchir à ce qui t'inspire le plus et à la direction que tu veux donner à ta créativité.

Pose-toi ces questions :
- Quel style de mode j'aime le plus ? (streetwear, tenues de fête, Y2K, minimaliste, sport-chic)
- Qui m'inspire ? (créateurs, influenceurs, artistes ou amis)
- Quelles émotions je veux que mes vêtements expriment ? (confiance, joie, force, liberté)

Écris-le ici :
- Mes objectifs de design : ....
- Mes plus grandes inspirations : ....
- Les tissus ou couleurs que je veux explorer : ....
- Les compétences que je veux améliorer : ....

Astuce :
Reviens sur cette page tous les quelques mois — tu seras étonné(e) de voir comment ta vision évolue !

Outils et matériaux
pour le croquis de mode chez les ados

Pas besoin d'outils coûteux ou sophistiqués pour être créatif — il te suffit d'un peu de curiosité et de quelques essentiels !

- **Crayons** – Utilise un HB pour les contours, et du 2B à 6B pour les ombrages et les plis.
- **Feutres fins** – Parfaits pour des contours nets ou des petits détails décoratifs.
- **Marqueurs & crayons de couleur** – Donne vie à tes créations avec des teintes et des textures. Essaie de mélanger pastels ou tons fluo pour un look tendance !
- **Règle & courbes** – Idéal pour les jupes, vestes et détails précis.
- **Outils numériques** – Si tu aimes la technologie, essaie des applications de dessin comme Procreate ou Sketchbook.
- **Échantillons de tissus** – Toucher la matière t'aide à imaginer le mouvement de ta tenue.

Souviens-toi : *la magie n'est pas dans l'outil — mais dans la manière dont tu l'utilises pour raconter ton histoire.*

Conseils
pour bien commencer

Commencer quelque chose de nouveau peut sembler intimidant — mais chaque grand créateur a commencé avec une page blanche !

Voici quelques conseils pour bien démarrer :

- **Reste simple** – Commence par des pièces faciles : t-shirts, jeans, robes.
- **Observe et apprends** – Regarde comment les vrais vêtements se plient, se posent et bougent.
- **Joue avec les formes** – Essaie différentes silhouettes : oversize, courte, évasée, ajustée.
- **Expérimente les couleurs** – Mélange les teintes qui te ressemblent : pastels doux, tons froids ou nuances éclatantes.
- **Garde confiance** – Ne cherche pas la perfection ; ton style se formera au fil des pages.

Chaque croquis est un progrès — chaque erreur t'enseigne quelque chose de nouveau. Plus tu dessines, plus ta personnalité brillera à travers tes créations.

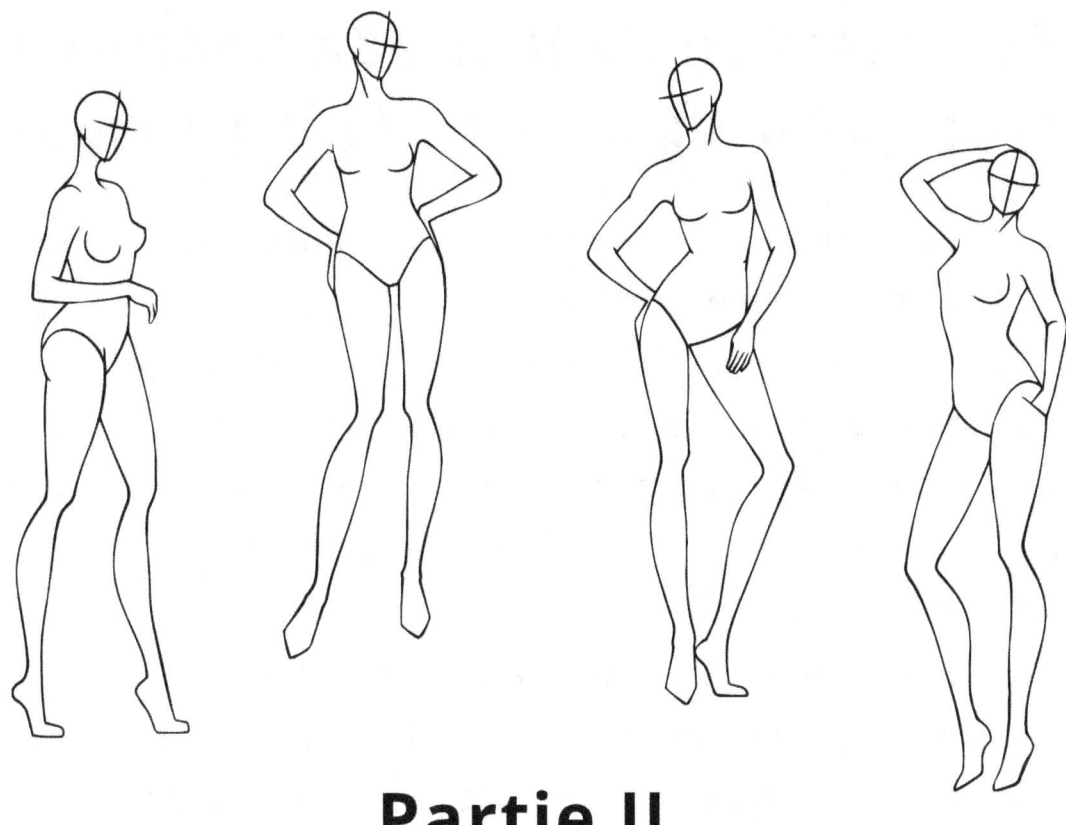

Partie II
- Éducation & Fondamentaux

Cette section présente les bases du design de mode — les éléments essentiels qui permettent à chaque idée de prendre forme.

Tu découvriras ici comment la mode a évolué, comment les silhouettes et les tissus créent des ambiances, et comment la couleur peut transformer complètement un dessin.

Lis, apprends, et surtout — applique ce que tu découvres quand tu commenceras à créer tes propres tenues.

Brève histoire de la mode adolescente
- *Des styles classiques aux vibrations modernes*

La mode pour les adolescents a toujours été synonyme de liberté, de créativité et d'identité.

Chaque génération a réinventé ce que signifie être « stylé ».

- **Années 1950 – Les débuts rétro**

Jupes circulaires, cardigans et coiffures soignées dominaient. Pour la première fois, les adolescents ont commencé à influencer la mode !

- **Années 1970–1980 – L'ère de la rébellion**

Rock, punk et disco ont explosé. Les jeunes mélangeaient vestes en cuir, denim et imprimés audacieux — la mode devenait un jeu et une déclaration.

- **Années 1990–2000 – Le cool décontracté**

Le streetwear a pris le dessus : jeans amples, crop tops, sweats à capuche et baskets. Le confort s'est marié à l'attitude.

- **Aujourd'hui – La liberté créative**

La mode adolescente moderne mélange tout : pièces vintage, styles neutres en genre, coupes oversize, inspirations Y2K et choix éco-responsables.

Le meilleur ? *Il n'y a plus de règles strictes — la mode, c'est être toi-même.*

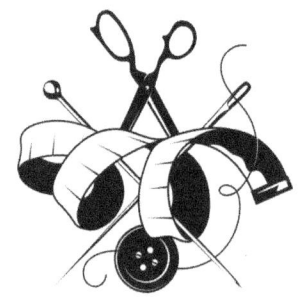

Silhouettes & formes adolescentes
- Trouve ton style

Chaque tenue commence par une silhouette — la forme qui définit l'ambiance et le mouvement de ton design.

- **Coupe décontractée** – Ample, confortable, facile à porter. Parfaite pour sweats, t-shirts et tenues de rue.
- **Ajustée** – Met en valeur la forme du corps. Idéale pour les robes ou vestes cintrées.
- **Ligne A** – Légèrement évasée ; amusante et flatteuse pour jupes et robes.
- **Superposée** – Combine des hauts oversize avec des bas ajustés (ou l'inverse). Ajoute de la personnalité !

Astuce : Ne te stresse pas pour des proportions « parfaites » ; elles servent juste de guide. L'important, c'est ce que ton design ressent.

Théorie des couleurs dans la mode adolescente
- Exprime-toi !

La couleur fait vibrer une création et parle de toi avant même que tu ne dises un mot.

- **Tons chauds vs. tons froids –**

Tons chauds (rouges, jaunes, corail) = énergie et joie.

Tons froids (bleus, verts, violets) = calme et confiance.

- **Contraste & équilibre –**

Les opposés s'attirent ! Essaie le noir & blanc ou le rose & turquoise pour un effet audacieux.

Les mélanges doux (pastels ou neutres) créent une atmosphère apaisante et esthétique.

- **Inspiration saisonnière –**
    - *Printemps* : pastels et tons légers
    - *Été* : teintes lumineuses et solaires
    - *Automne* : nuances chaudes et terreuses
    - *Hiver* : contrastes sombres et touches brillantes
- **Ta palette personnelle –**

Pense aux couleurs qui te ressemblent. Mélange, teste et trouve ton univers chromatique

Tissus & textures
- Quand les vêtements prennent vie

Le tissu change tout : la façon dont une tenue se sent, se déplace, et se raconte.

- **Coton & jersey** – Doux, respirant, parfait pour les looks du quotidien.
- **Denim** – Intemporel et robuste. Des vestes aux jeans, il reste indémodable.
- **Satin & soie** – Brillants et élégants, idéals pour des tenues chics ou de soirée.
- **Maille & polaire** – Textures confortables pour des looks décontractés ou sportifs.
- **Cuir & simili-cuir** – Ajoutent du caractère et une touche rebelle.

Exercice : Dessine la même tenue deux fois — une en denim, l'autre en satin — et observe comment l'ambiance change !

Outils de croquis de mode
- Traditionnels & numériques

Les bons outils rendent le dessin amusant et donnent vie à tes idées.

- **Crayons** – Idéals pour les esquisses rapides et les ombres.
- **Marqueurs** – Pour tester les couleurs et ajouter des effets tendance.
- **Crayons de couleur** – Parfaits pour des nuances douces ou des dégradés.
- **Feutres fins** – Pour définir les contours, motifs ou détails.
- **Aquarelles** – Pour apporter mouvement et fluidité artistique.
- **Outils numériques** – Tablettes ou applis (comme Procreate ou Ibis Paint) te permettent d'explorer sans limite et d'annuler facilement !

Souviens-toi : n'attends pas les outils parfaits — commence avec ce que tu as.

La créativité > l'équipement.

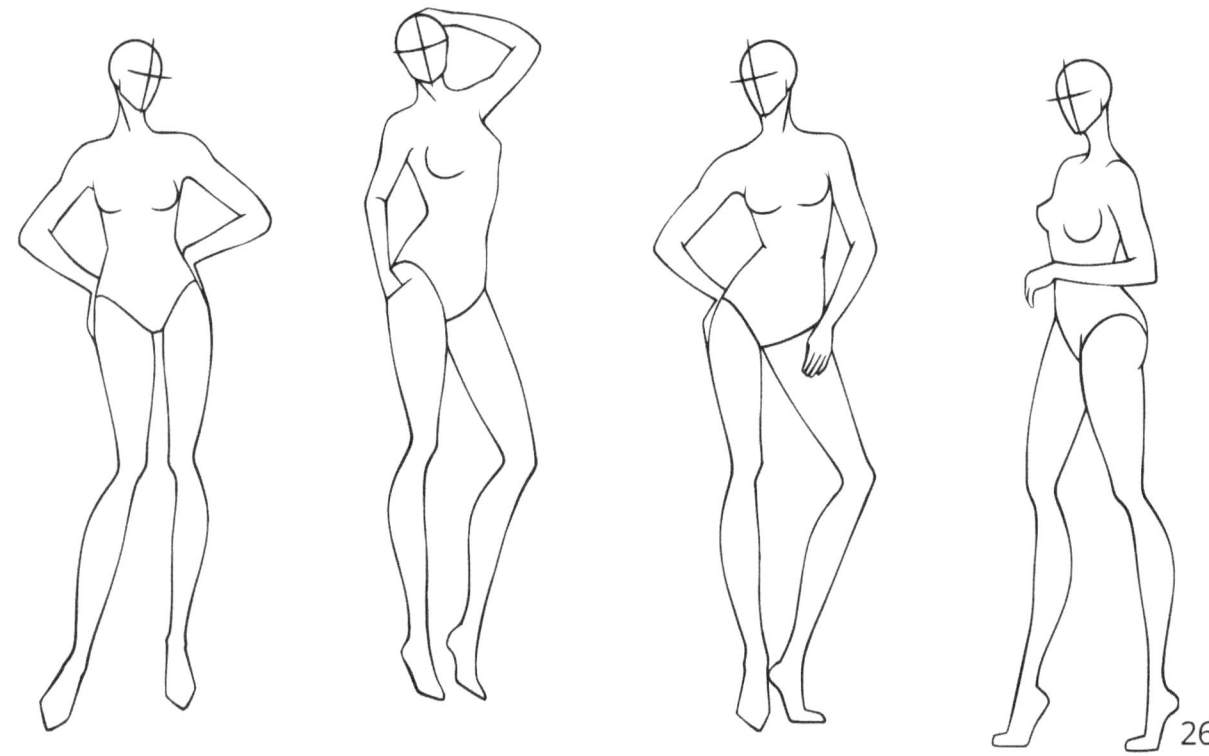

Étape par étape :
Tenue décontractée (style quotidien)

La mode de tous les jours = confort + personnalité.

Voici comment concevoir ta première tenue casual :
- Débute par la silhouette de base. Choisis une forme ample ou légèrement ajustée.
- Ajoute les pièces principales : t-shirt, crop top ou sweat à capuche.
- Choisis le bas : jean, short ou jupe fluide.
- Ajoute les accessoires : sac à dos, baskets ou bijoux superposés.
- Joue avec les couleurs : mélange des tons neutres avec une touche vive.

Astuce pro : *Un bon look casual semble simple, mais dégage confiance et naturel.*

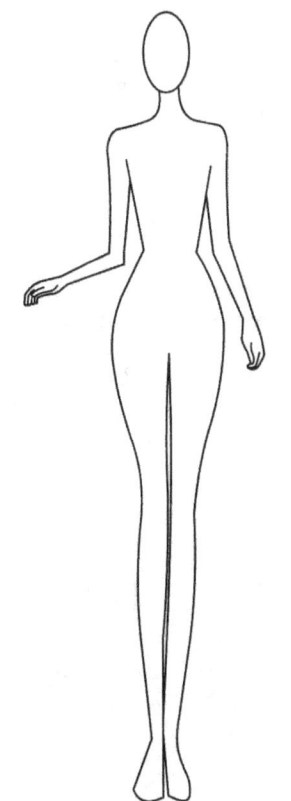
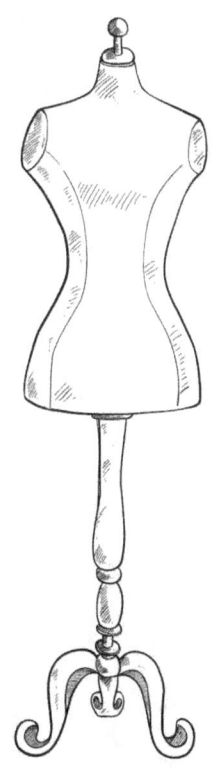
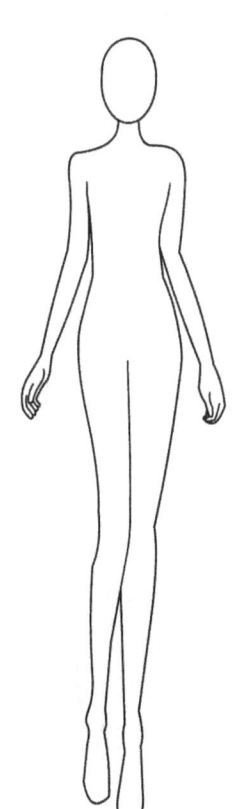

Étape par étape :
Tenue de fête ou de soirée

C'est ton moment de briller !

Créer une tenue de soirée, c'est exprimer la confiance et la créativité.
- Choisis une silhouette : ajustée, évasée ou fluide ?
- Sélectionne les tissus : satin, sequins, tulle — tout ce qui attire l'œil.
- Ajoute des détails marquants : volants, paillettes, épaules dégagées ou manches originales.
- Choisis les couleurs : métalliques, tons bijoux ou nuances profondes.
- Finalise le look : accessoires comme talons, sacs ou colliers chokers.

Ton objectif : *créer une tenue unique qui célèbre ton énergie et ton style.*

Erreurs fréquentes de design
(et comment les éviter)

Même les pros les commettent — autant les apprendre maintenant !

- **Trop de détails** – La simplicité gagne souvent. Choisis un seul point fort.
- **Ignorer le mouvement** – Imagine toujours comment le tissu bougera porté.
- **Trop de couleurs** – Équilibre les teintes vives avec des tons neutres.
- **Proportions déséquilibrées** – Garde une harmonie entre le haut et le bas.
- **Copier les tendances** – Inspire-toi, mais ajoute ta touche personnelle.

Chaque erreur est une leçon créative — elle t'aide à grandir plus vite.

Astuces & conseils
pour jeunes stylistes

- Dessine plusieurs versions d'une même idée — c'est ainsi que naissent les vraies collections.
- Crée des tenues modulables — que chaque pièce puisse s'associer à d'autres.
- Garde un petit moodboard de mode : photos, citations, échantillons, couleurs.
- Étudie les proportions et le mouvement du tissu — les vêtements doivent vivre.
- Ne compare pas ton style à celui des autres — développe-le pas à pas.

Le design n'est pas une quête de perfection. C'est raconter une histoire à travers les vêtements.

Guide étape par étape
de ce carnet de croquis

Ce carnet n'est pas un simple cahier blanc — c'est ton journal créatif.

Voici comment en tirer le meilleur parti :

- **Pratique** : Commence avec les modèles. Concentre-toi sur la confiance, pas sur la perfection.
- **Expérimente** : Essaie de nouvelles palettes, tissus et textures.
- **Documente** : Utilise les pages de notes pour tes réflexions ou inspirations.
- **Crée des collections** : Imagine des looks thématiques — rentrée, rue, soirée, etc.
- **Évalue** : Compare tes anciens et nouveaux croquis pour voir ta progression.

À la dernière page, tu n'auras pas seulement des dessins — mais ton évolution personnelle dans la mode.

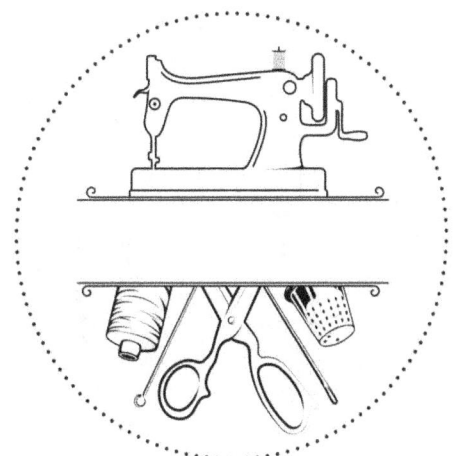

Bases du croquis de mode
- étape par étape

Apprendre à dessiner la mode, c'est une question de pratique.

Suis ce processus simple :
- **Étape 1 :**

Dessine légèrement la silhouette du corps adolescent (vue de face).
- **Étape 2 :**

Ajoute les formes de base des vêtements (sweat, jupe, pantalon, robe).
- **Étape 3 :**

Ajoute les détails : coutures, boutons, cols, motifs.
- **Étape 4 :**

Utilise les traits pour indiquer le type de tissu (souple ou structuré).
- **Étape 5 :**

Ajoute ombrages et couleurs.
- **Étape 6 :**

Repasse les lignes finales et prends des notes.

Mini-défi :

Dessine une tenue pour un week-end détente et une pour un événement spécial. Observe comment quelques changements (couleur, texture) transforment toute l'ambiance !

LOOK DE MODE QUOTIDIEN – SIMPLE & RAPIDE

Mettons tout cela en pratique !

5 étapes simples :
- Dessine une pose décontractée.
- Ajoute des vêtements confortables : t-shirt, jean ou sweat.
- Ajoute quelques accessoires : sac, chaussures, bijoux.
- Choisis ta palette de couleurs (neutres + une touche vive).
- Ajoute ombres et textures pour donner vie à ton dessin.

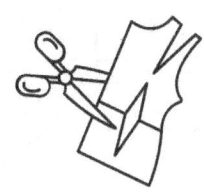

Note de style : Les tenues du quotidien sont idéales pour pratiquer les proportions, le mouvement et l'équilibre.

Questions pour réfléchir :
- Quelle tenue porterais-tu chaque jour si tu pouvais ?
- Quelle combinaison de couleurs te représente le mieux ?

Utilise cet espace pour dessiner ton idée — amuse-toi et crée sans trop réfléchir !

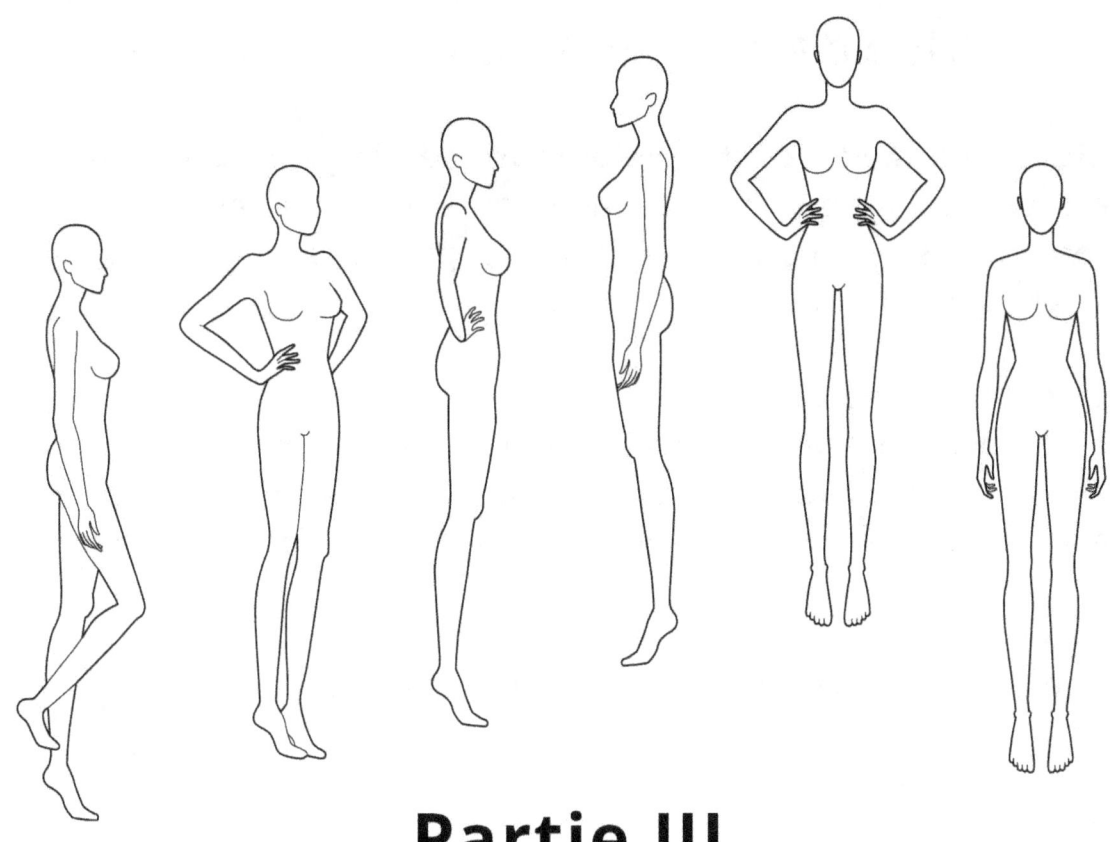

Partie III
- Carnet de croquis & Pratique

C'est ici que ta créativité décolle vraiment.

Tu as appris les bases — maintenant, il est temps d'explorer, de dessiner et de créer ton propre univers de mode.

Ces pages sont ton terrain de jeu : expérimente, colorie, fais des erreurs, et surtout — amuse-toi.

Guide de pratique de mode & Notes

Le design de mode, c'est l'exploration, pas la perfection. Utilise cette page pour oser quelque chose de nouveau — même si cela sort de ta zone de confort. Les erreurs font partie de l'apprentissage, et chaque croquis t'enseigne quelque chose de différent.

Comment utiliser cette page :
- Expérimente des proportions que tu ne dessines pas d'habitude.
- Ajoute des superpositions pour voir comment les tissus interagissent.
- Note tes observations sur le mouvement ou le tombé de la tenue.

Réflexion & notes :
- Quelle nouvelle technique ai-je testée aujourd'hui ?
- Le design semblait-il équilibré ?
- Quel détail pourrais-je améliorer dans mon prochain croquis ?

Astuce pro : *Les expériences audacieuses mènent souvent à tes idées les plus originales.*

_____

_____

_____

_____

_____

_____

_____

_____

Inspiration Tenue : Streetwear

La puissance des superpositions

Le streetwear, c'est l'art des couches — amusant, créatif, et plein de possibilités. Commence par une base simple comme un débardeur ou un crop top, puis ajoute un sweat oversize, une veste en jean ou une chemise à carreaux.

Essaie d'en nouer une à la taille ou de glisser un hoodie sous un trench. Chaque couche change totalement l'ambiance.

Joue avec les contrastes : tissus doux sous des pièces structurées, ou imprimés audacieux avec des tons neutres.

Les superpositions ne sont pas qu'une question de style — elles sont aussi pratiques, parfaites pour les changements de météo ou d'humeur.

À essayer : Dessine une tenue avec un t-shirt basique et un pantalon cargo, puis ajoute un hoodie zippé, une veste oversize et des baskets. Observe comment chaque couche ajoute de la personnalité.

Tendances

Inspiration

Textiles

Notes

Détails

Échantillons

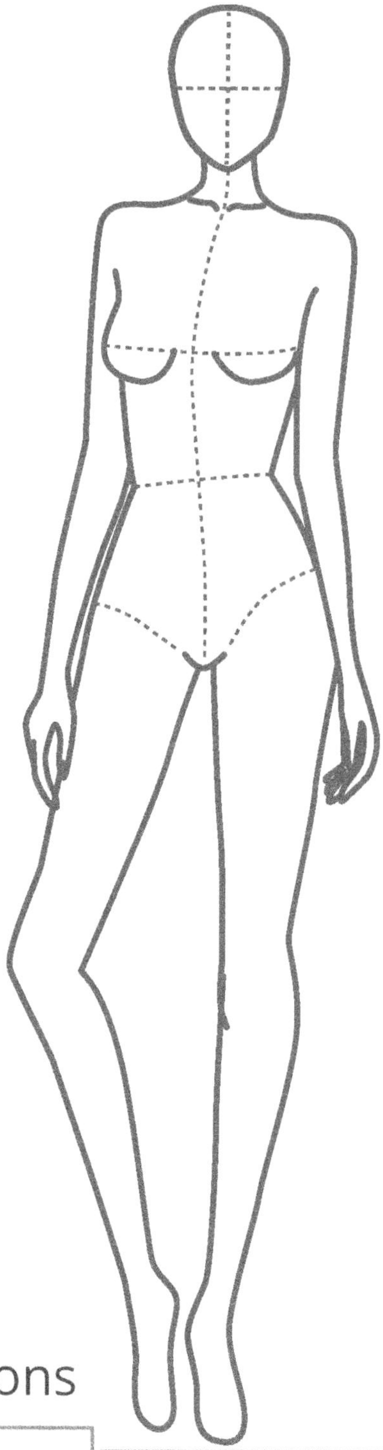

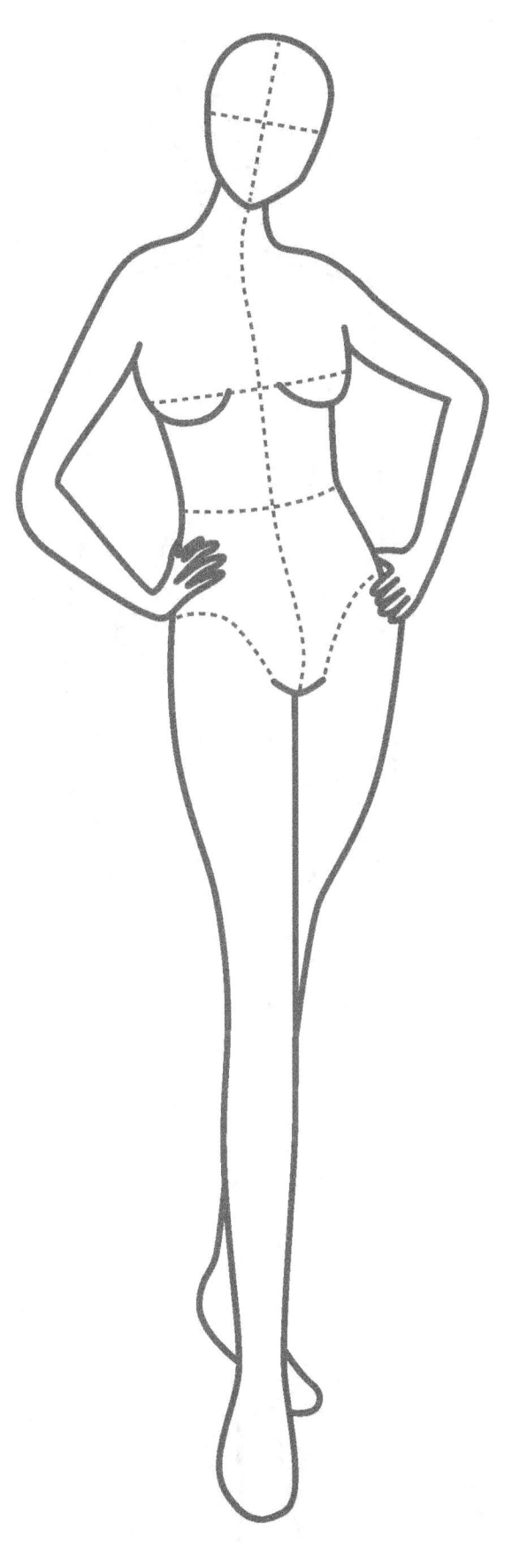
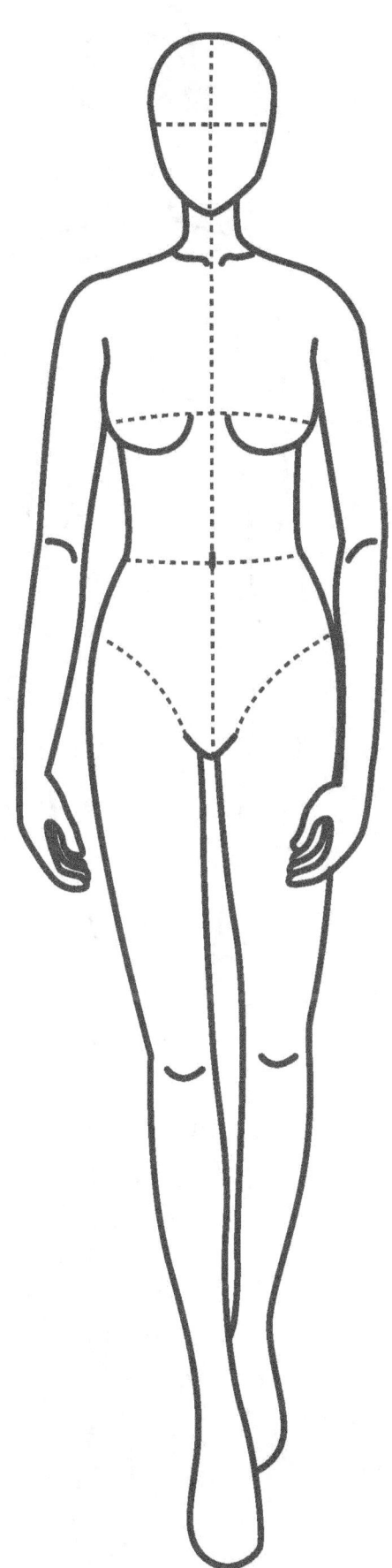

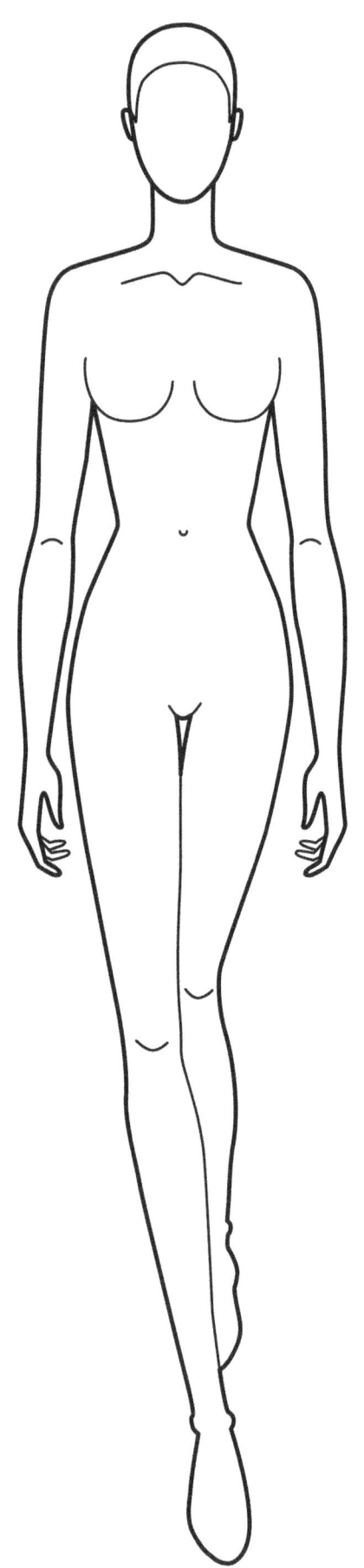
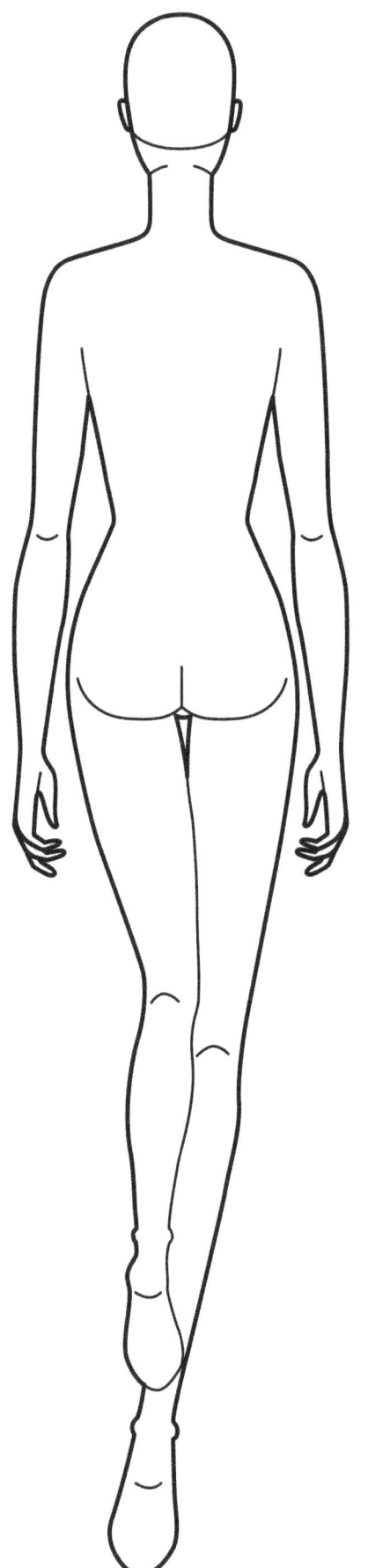

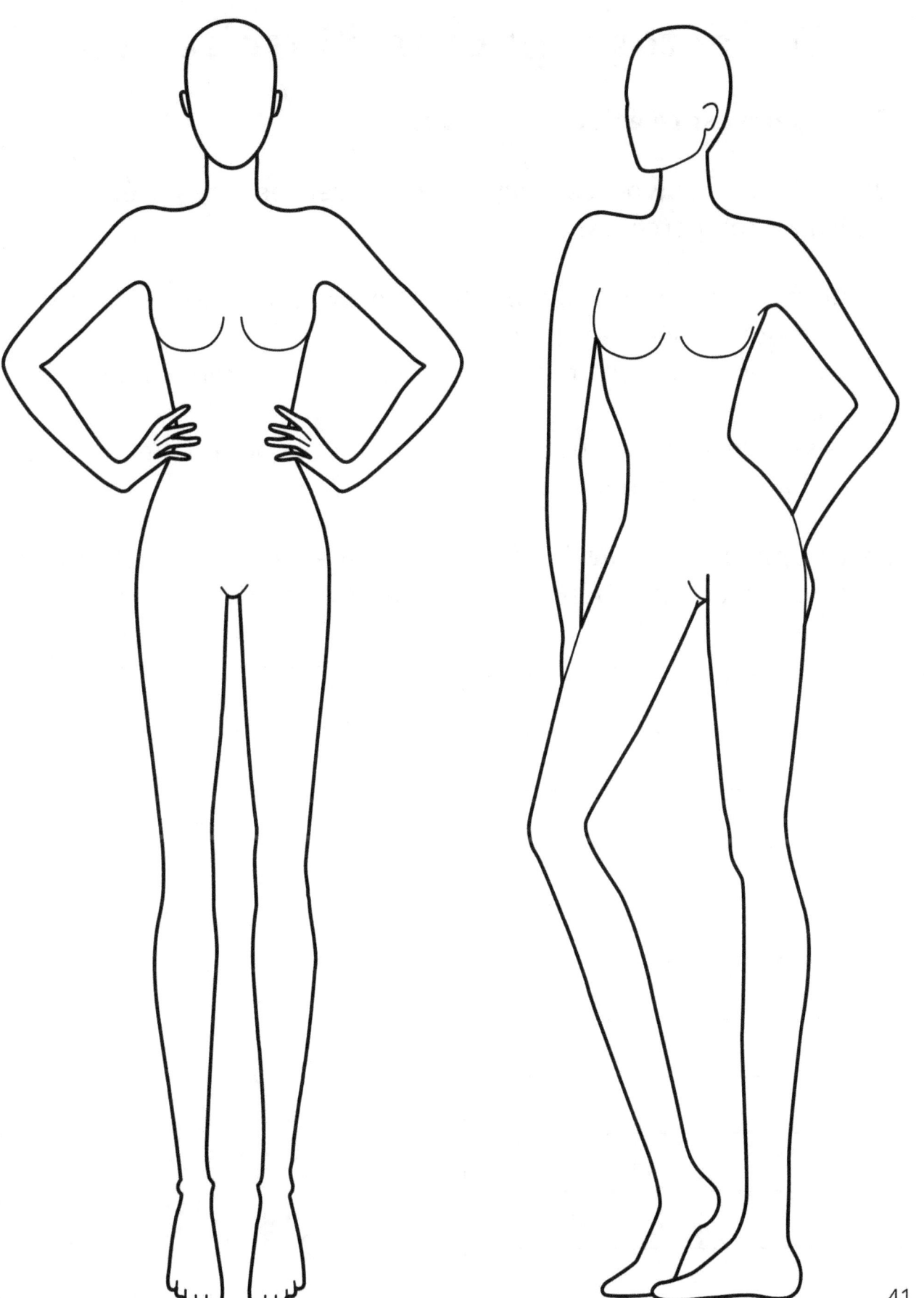

Tes notes & photos d'inspiration

Cette page est ta galerie créative.

Utilise-la pour suivre tes progrès, conserver tes idées préférées et réfléchir à ton parcours.

- Ajoute des croquis, des photos d'inspiration ou des découpes pour donner vie à tes idées.
- Note les couleurs, tissus ou éléments de tenues qui t'ont inspiré.
- Laisse de la place pour ton futur toi — pour comparer ton évolution stylistique.

Astuce pro : *Une seule image ou un petit échantillon peut inspirer toute une collection. N'hésite pas à garder chaque détail qui t'inspire.*

Inspiration Tenue : School Chic & Party Glam

Inspiration School Chic

Pense à des tenues du quotidien qui montrent quand même ta personnalité. Essaie une jupe plissée avec un pull court, ou un jean large avec un t-shirt graphique rentré et des baskets. Ajoute une veste légère ou un blazer pour un look simple mais stylé. Accessoirise avec des colliers superposés ou un sac à dos original.

Inspiration Party Glam

Pour les occasions spéciales ou les week-ends festifs, mise sur la brillance et le mouvement. Jupes métallisées, hauts à sequins ou robes fluides avec des chaussures à plateforme — tout est permis ! Ajoute des bijoux audacieux ou un mini sac pour une touche d'éclat supplémentaire.

Objectif :

te sentir confiante, t'amuser et faire de chaque tenue un moment unique.

Guide de pratique de mode & Notes

Le design n'a pas besoin d'être parfait — il doit être vivant ! Essaie de dessiner rapidement et observe ce qui vient naturellement.

Comment utiliser cette page :
- Fais un croquis d'échauffement de 5 minutes.
- Concentre-toi sur un seul élément (comme les manches ou les chaussures).
- Note tes idées sur la couleur, la texture ou la forme.

Réflexion & notes :
- Dessiner vite m'a-t-il aidé à être plus créatif(ve) ?
- Quel détail me plaît le plus ?
- Que changerais-je la prochaine fois ?

Astuce pro : *Les croquis rapides t'aident à te détendre et à penser comme un vrai designer.*

_____
_____
_____
_____
_____
_____
_____
_____

Inspiration Tenue : Streetwear

Énergie athleisure : sport et style

L'athleisure, c'est le confort avec une touche d'attitude.
Imagine un jogging avec un crop top, un hoodie oversize ou une veste de sport zippée. Reste décontracté(e) mais équilibré(e) — pantalon large avec haut ajusté, ou l'inverse.

Ajoute des accessoires fun : bob, baskets massives, mini sac en bandoulière.
Focus tissu : mélanges de coton, élasthanne et mailles légères.
Ajoute une pièce brillante ou colorée pour faire ressortir l'ensemble.

Astuce pro : Dessine une tenue qui passerait facilement de la classe au week-end — cool, confortable et confiante.

Tendances

Inspiration

Textiles

Notes

Détails

Échantillons

46

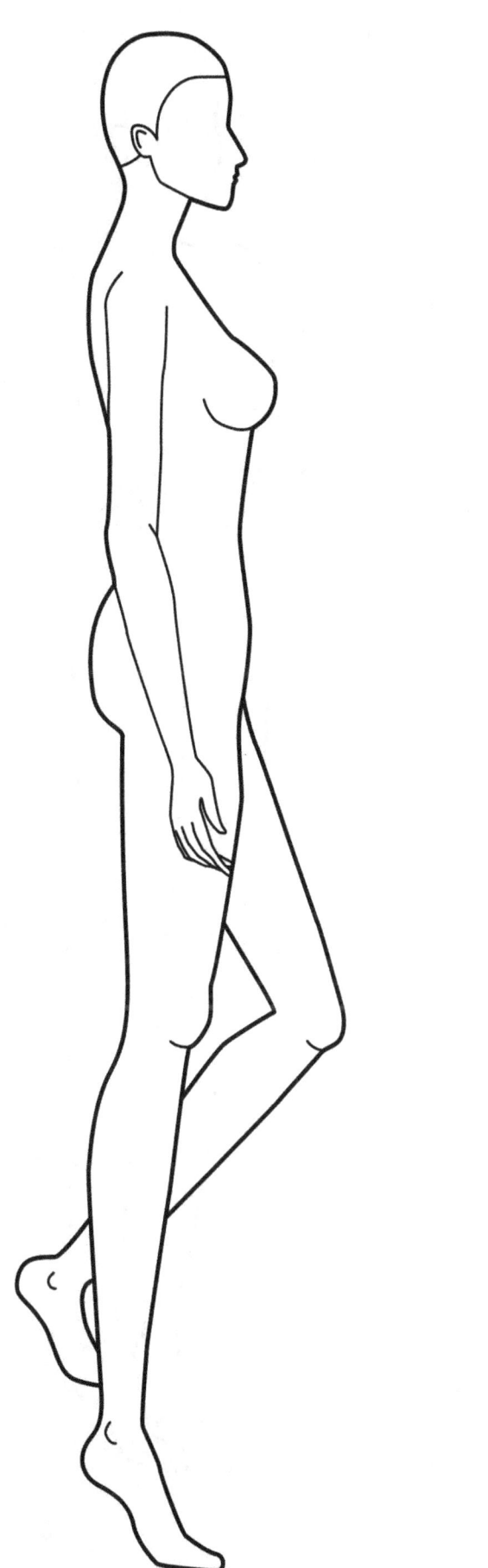

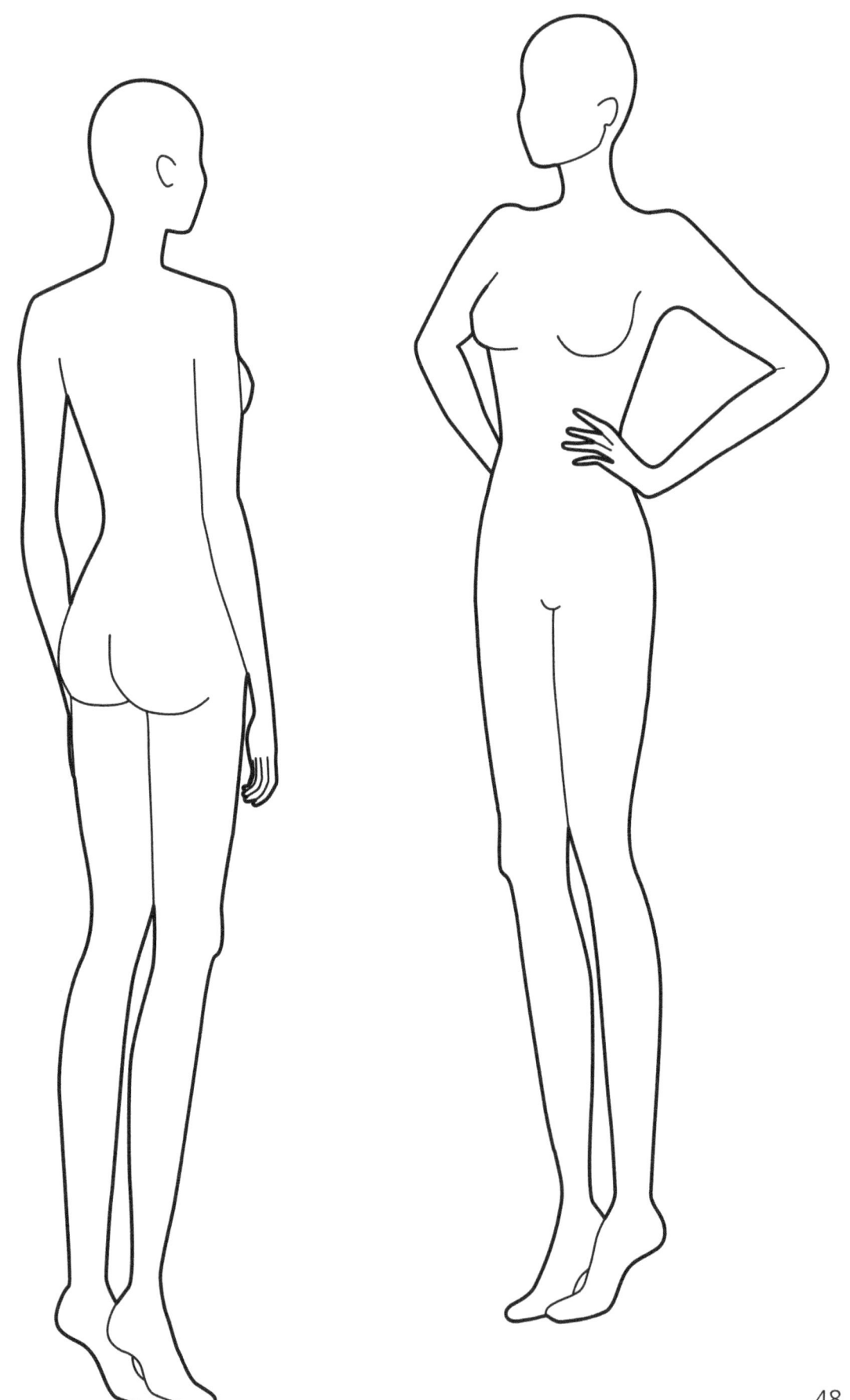

Tes notes & photos d'inspiration

Cette page est ta galerie créative.

Utilise-la pour suivre tes progrès, conserver tes idées préférées et réfléchir à ton parcours.

- Ajoute des croquis, des photos d'inspiration ou des découpes pour donner vie à tes idées.
- Note les couleurs, tissus ou éléments de tenues qui t'ont inspiré.
- Laisse de la place pour ton futur toi — pour comparer ton évolution stylistique.

Astuce pro : *Une seule image ou un petit échantillon peut inspirer toute une collection. N'hésite pas à garder chaque détail qui t'inspire.*

Inspiration Tenue : School Smart & Futuristic Vibes

Inspiration School Smart

Pense à un look « cool mais soigné ». Pantalons larges, hauts simples, blazers légers ou gilets — un équilibre parfait. Ajoute une touche de couleur — pastels ou tons doux — pour rendre le tout amusant. Côté chaussures : baskets, mocassins ou bottines.

Résultat : un style intelligent, élégant et facile à porter.

Inspiration Futuristic Vibes

La mode futuriste mise sur les touches métalliques et les formes audacieuses. Imagine des vestes argentées, des tissus holographiques ou des accessoires géométriques. Garde l'équilibre : mélange les textures brillantes avec des pièces simples. Ce style exprime créativité et confiance.

Guide de pratique de mode & Notes

La mode raconte toujours une histoire. Utilise cette page pour créer une tenue inspirée de ton humeur, d'une chanson ou même d'un film.

Comment utiliser cette page :
- Choisis un thème (comme la confiance, le voyage ou l'amitié).
- Transforme cette idée en formes, lignes et couleurs.
- Ajoute des détails personnels qui rendent ta tenue unique.

Réflexion & notes :
- Mon croquis correspond-il à l'émotion que je voulais ?
- Quel détail raconte le mieux mon histoire ?
- Que pourrais-je ajouter pour qu'il soit encore plus "moi" ?

Astuce pro : *Tes meilleures créations viennent toujours de ce qui t'inspire profondément.*

_____
_____
_____
_____
_____
_____
_____
_____
_____
_____

Inspiration Tenue : Streetwear

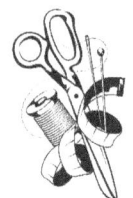

Le grand retour du denim : classique & cool

Le denim ne se démode jamais. Jeans taille haute, vestes courtes, jupes à empiècements — tout fonctionne ! Mixe les délavages clairs et foncés, ou ose le total denim look pour un effet mode assuré.

À essayer : Dessine une veste en jean oversize avec un jean large et un t-shirt coloré.

Ajoute des baskets, des badges ou une ceinture originale pour personnaliser le look. La clé, c'est la customisation : dessins, broderies ou patchs faits main peuvent transformer un simple jean en une pièce unique.

Astuce pro :
Le denim est ta toile —
rends-le aussi créatif que toi.

Tendances

Inspiration

Textiles

Notes

Détails

Échantillons

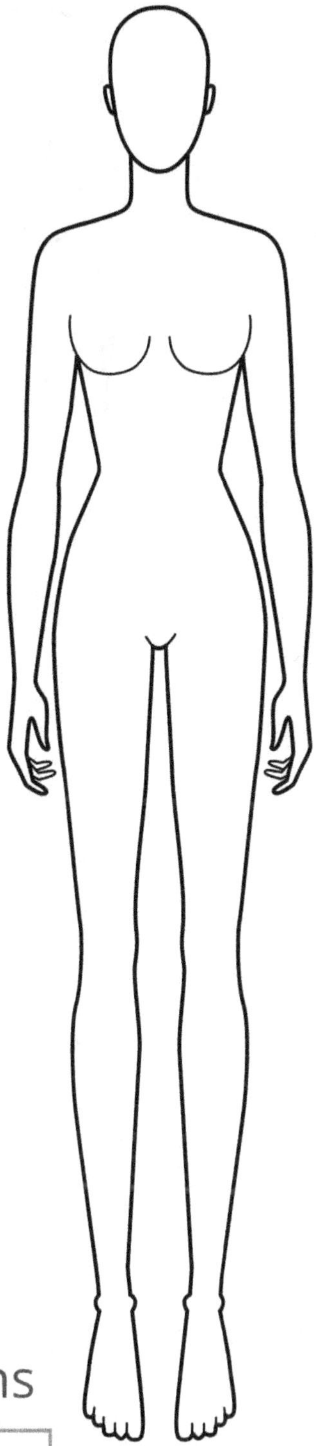

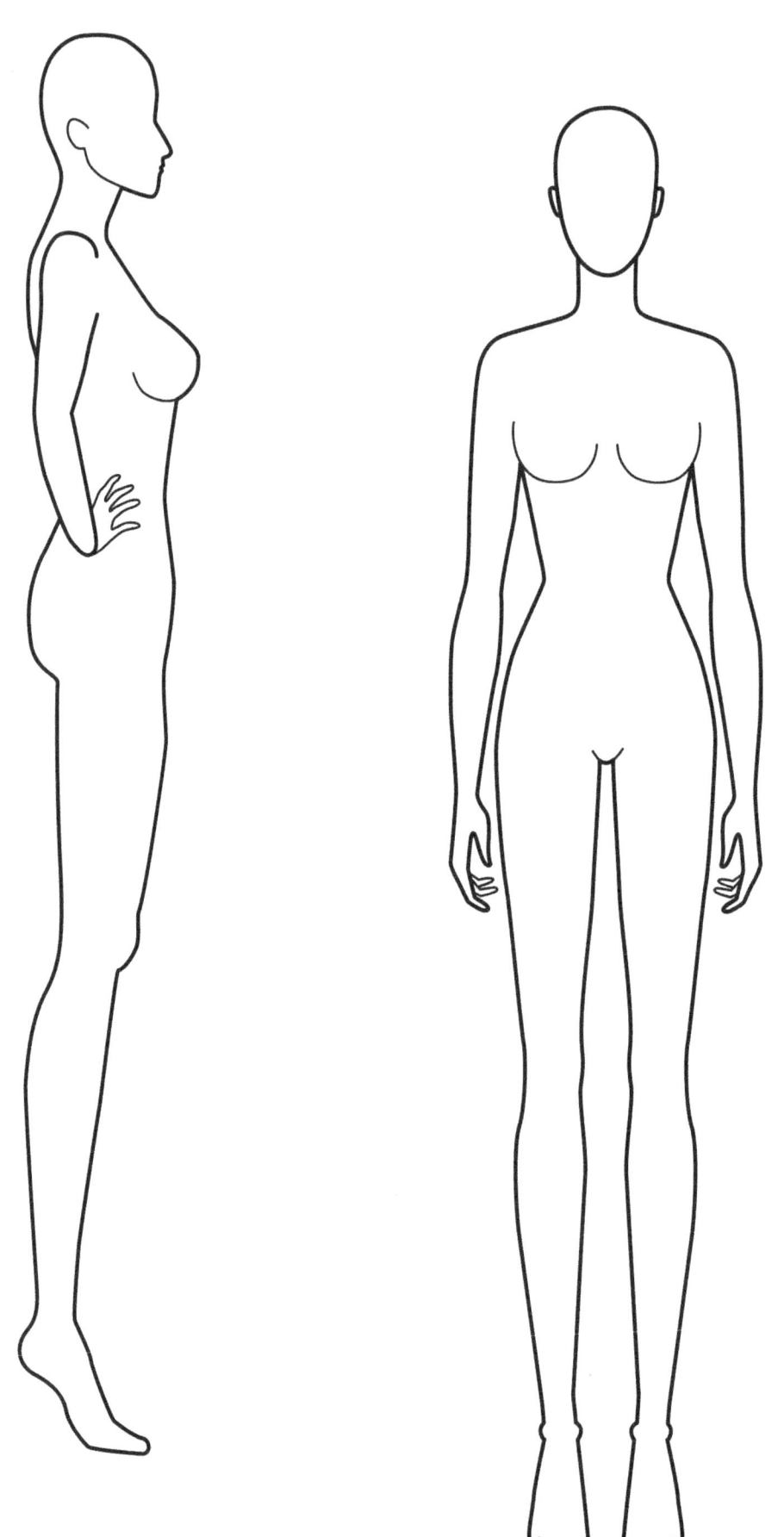

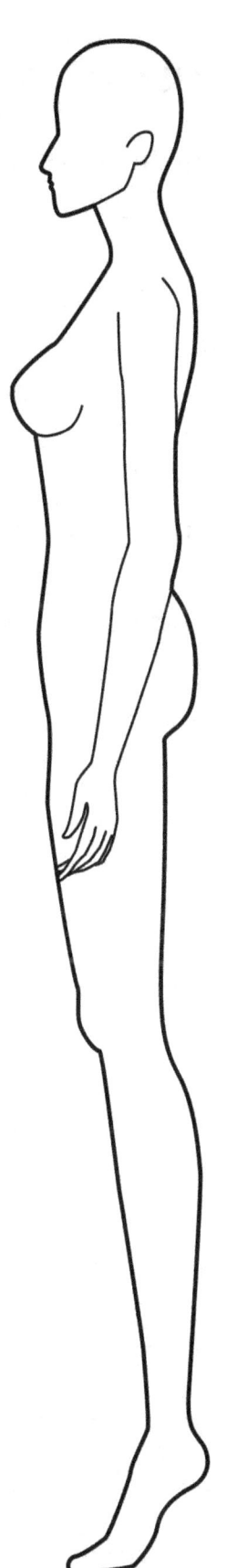

Tes notes & photos d'inspiration

Cette page est ta galerie créative.

Utilise-la pour suivre tes progrès, conserver tes idées préférées et réfléchir à ton parcours.

- Ajoute des croquis, des photos d'inspiration ou des découpes pour donner vie à tes idées.
- Note les couleurs, tissus ou éléments de tenues qui t'ont inspiré.
- Laisse de la place pour ton futur toi — pour comparer ton évolution stylistique.

Astuce pro : *Une seule image ou un petit échantillon peut inspirer toute une collection. N'hésite pas à garder chaque détail qui t'inspire.*

Inspiration Tenue : Creative Campus & Festival Glam

Inspiration Creative Campus

Exprime-toi même les jours décontractés ! Pantalons à motifs, t-shirts graphiques, accessoires audacieux — tout est permis. Les pulls oversize ou longs gilets gardent le look cosy et stylé à la fois. Mélange confort scolaire et touche artistique.

Inspiration Festival Glam

Musique, couleurs et liberté ! Pense à des robes fluides, crop tops à franges, bijoux superposés. Ajoute des détails métalliques ou des imprimés joyeux. Ce look célèbre la joie et la créativité — parfait pour imaginer ta tenue d'été de rêve.

Guide de pratique de mode & Notes

Les règles sont faites pour être réinventées ! Utilise cette page pour tester de nouvelles associations et combinaisons inattendues.

Comment utiliser cette page :
- Mélange deux styles (comme sportif et élégant).
- Ajoute des accessoires qui modifient l'ambiance de la tenue.
- Note ce qui fonctionne... ou pas !

Réflexion & notes :
- Ai-je découvert une nouvelle idée de style ?
- Qu'est-ce qui m'a le plus surpris ?
- Est-ce que je porterais cette tenue ?

Astuce pro : *Les grands stylistes prennent des risques. Tente quelque chose d'audacieux aujourd'hui !*

_____
_____
_____
_____
_____
_____
_____
_____
_____

Inspiration Tenue : Streetwear

Énergie oversize : joue avec les formes

Les silhouettes amples = confiance assurée. Imagine un hoodie XXL, un pantalon cargo ou une veste en jean large.

Équilibre les volumes : hauts amples avec bas ajustés, ou crop tops avec pantalons baggy.

Les neutres sont classiques, mais une touche vive ou pastel donne du relief.

Astuce pro : Quand tu dessines, exagère légèrement les formes — ton design paraîtra vivant et audacieux.

Tendances

Inspiration

Textiles

Notes

Détails

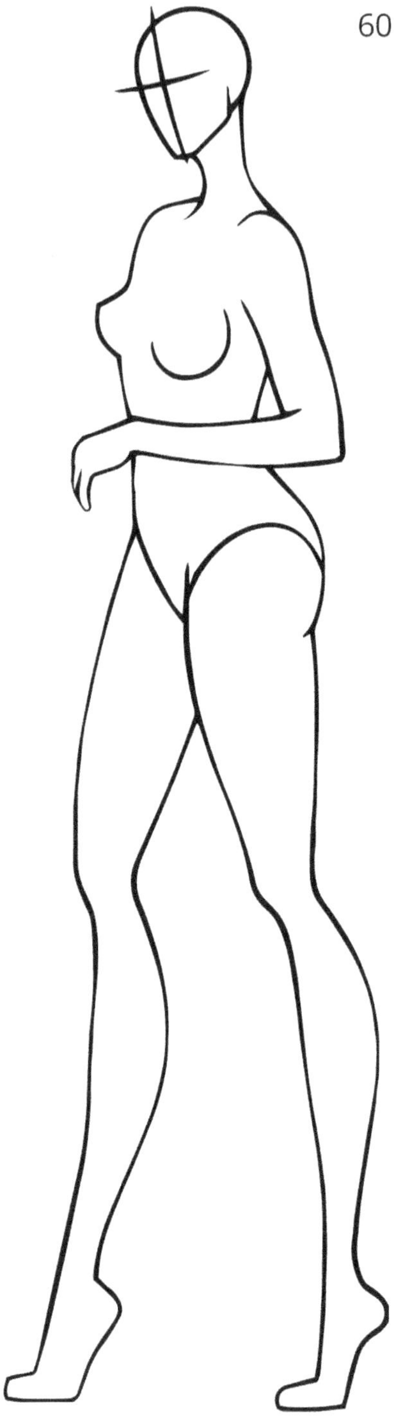

Échantillons

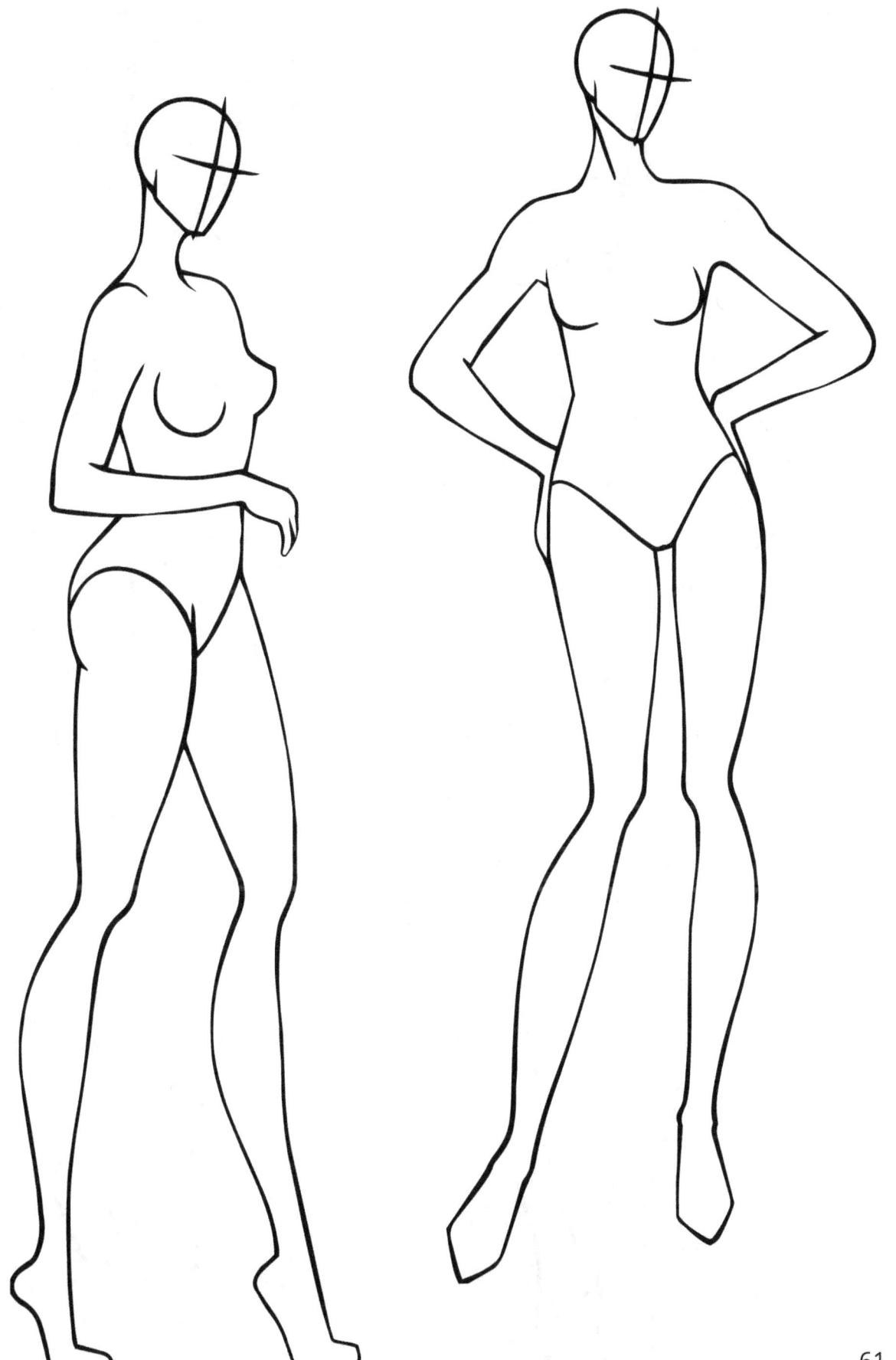

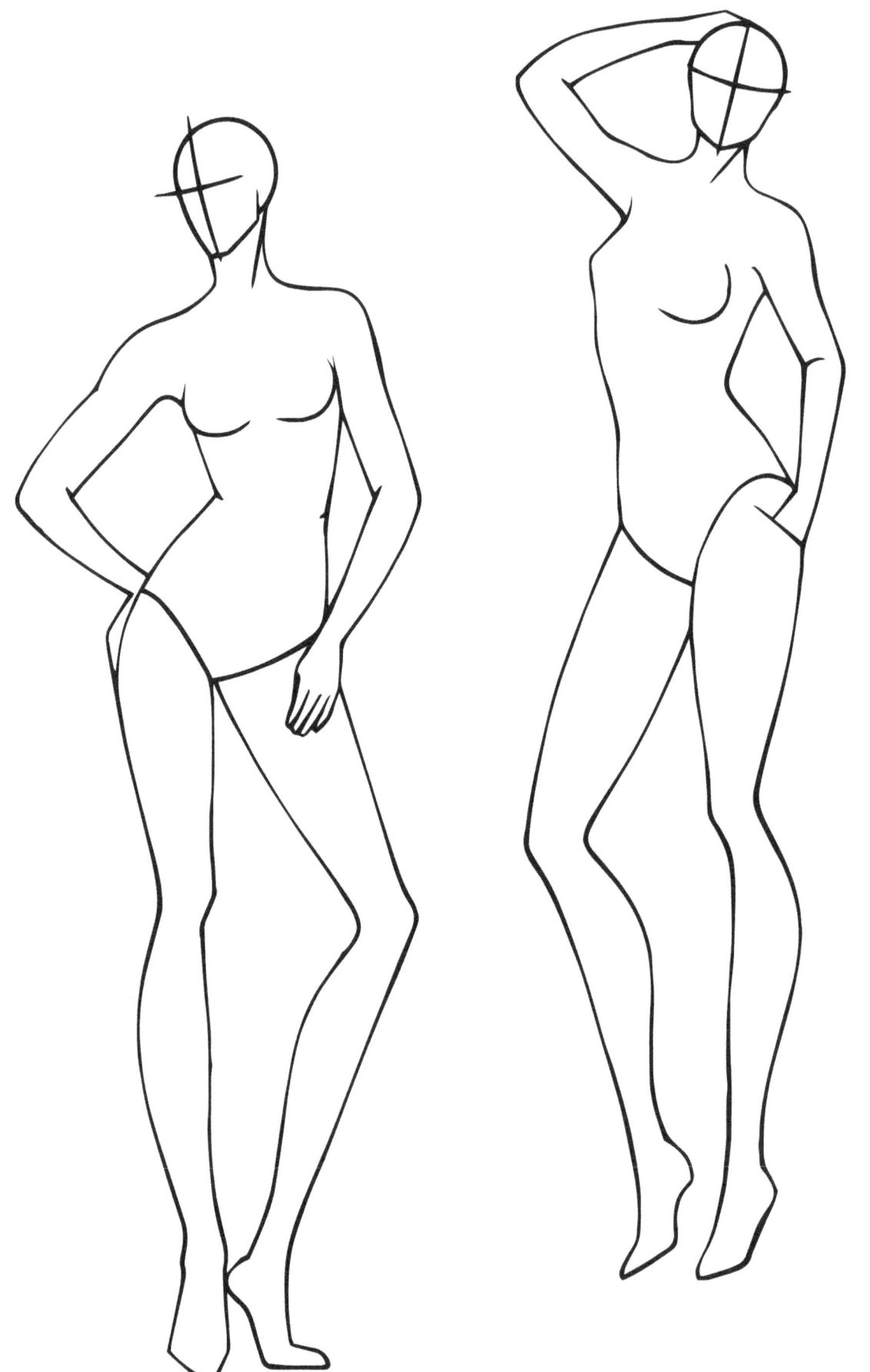

Tes notes & photos d'inspiration

Cette page est ta galerie créative.

Utilise-la pour suivre tes progrès, conserver tes idées préférées et réfléchir à ton parcours.

- Ajoute des croquis, des photos d'inspiration ou des découpes pour donner vie à tes idées.
- Note les couleurs, tissus ou éléments de tenues qui t'ont inspiré.
- Laisse de la place pour ton futur toi — pour comparer ton évolution stylistique.

Astuce pro : *Une seule image ou un petit échantillon peut inspirer toute une collection. N'hésite pas à garder chaque détail qui t'inspire.*

Inspiration Tenue :
Tenue confiante & Glamour durable

Inspiration Tenue confiante

Le power dressing n'est pas réservé aux adultes — c'est se sentir prêt(e) à affronter la journée. Essaie un blazer ajusté sur un jean large, ou une robe chemise avec des baskets. Les couleurs fortes comme l'émeraude, le prune ou le bleu marine montrent la confiance sans excès.

Inspiration Glamour durable

Une mode responsable et créative ! Utilise des tissus recyclés, des pièces chinées ou des personnalisations faites main. Imagine une robe de défilé conçue à partir de matériaux réutilisés ou peinte à la main. C'est la créativité au service de la planète.

Guide de pratique de mode & Notes

Les créations doivent être belles et confortables. Pense à la façon dont ta tenue fonctionnerait dans la vraie vie.

Comment utiliser cette page :
- Conçois une tenue pour une situation (école, fête, week-end).
- Imagine les mouvements de la personne qui la porte.
- Note le confort, les tissus et la coupe.

Réflexion & notes :
- Ma tenue est-elle facile à porter ?
- Qu'est-ce qui la rend pratique ?
- Comment la rendre plus polyvalente ?

Astuce pro : *Les meilleurs designs allient confort et créativité.*

_____
_____
_____
_____
_____
_____
_____
_____
_____

Inspiration Tenue : Streetwear

Attitude graphique : exprime-toi par ton style

Ta tenue peut parler pour toi ! Les imprimés et textes audacieux reflètent la confiance et la personnalité.

Essaie des t-shirts à slogans, des hoodies à dessins ou des vestes peintes à la main.

Défi créatif : Dessine un hoodie et invente ton propre motif au dos — tes initiales, une phrase ou un symbole qui te représente.

Astuce tissu : En vrai, tu pourrais utiliser la sérigraphie ou des patchs — mais sur papier, ton imagination est sans limite !

Tendances

Inspiration

Textiles

Notes

Détails

Échantillons

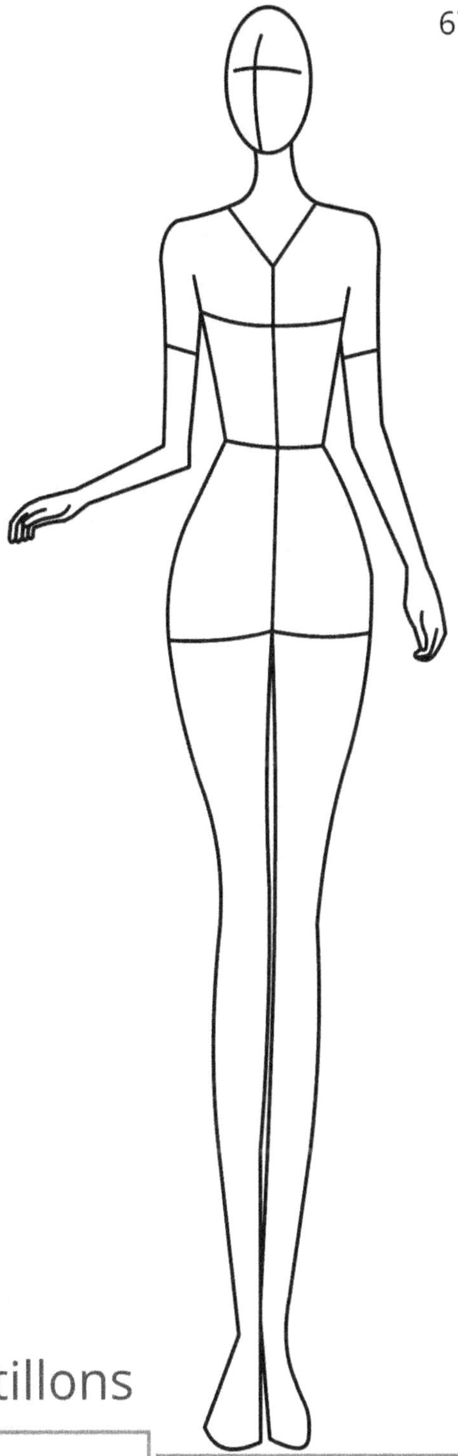

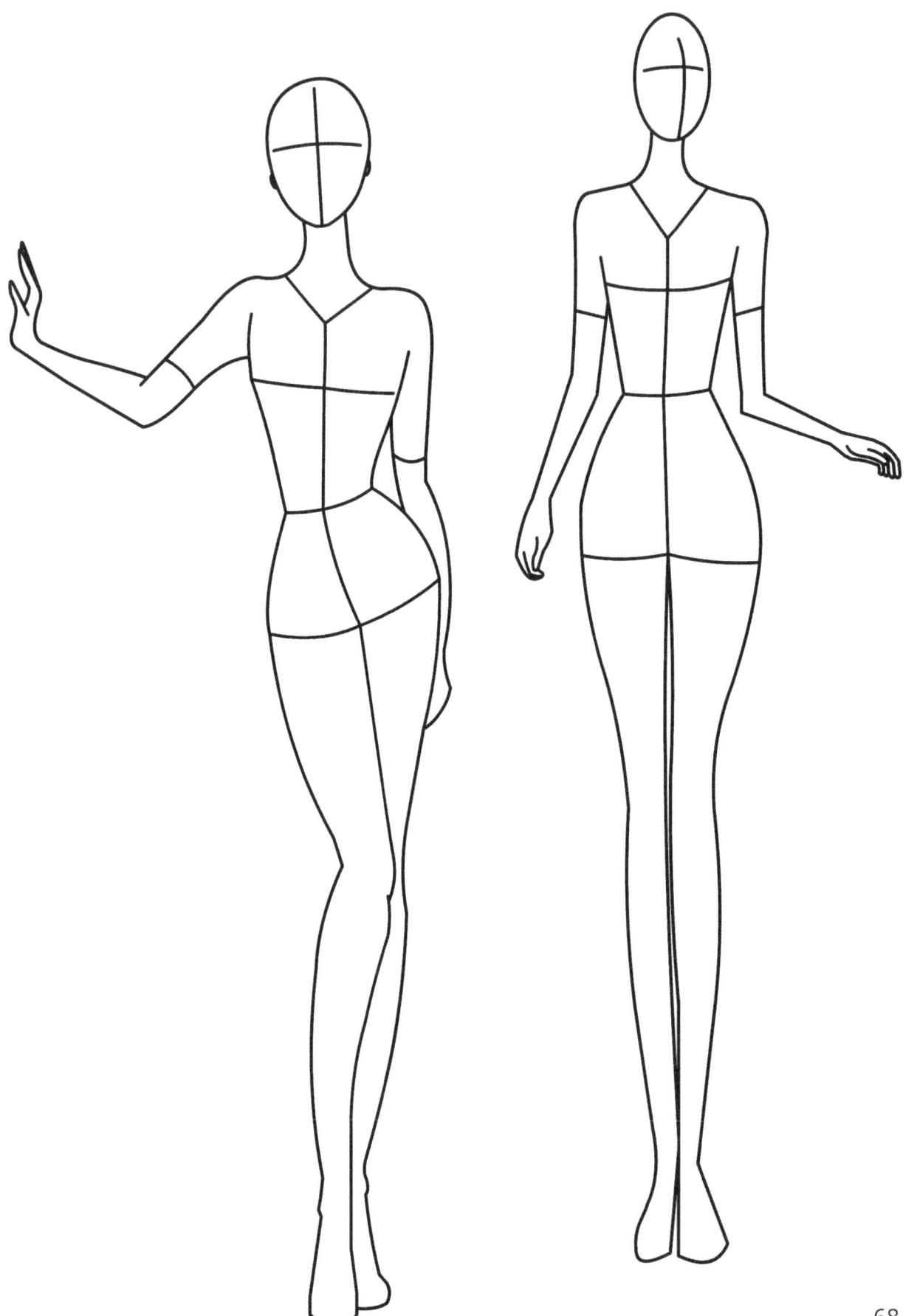

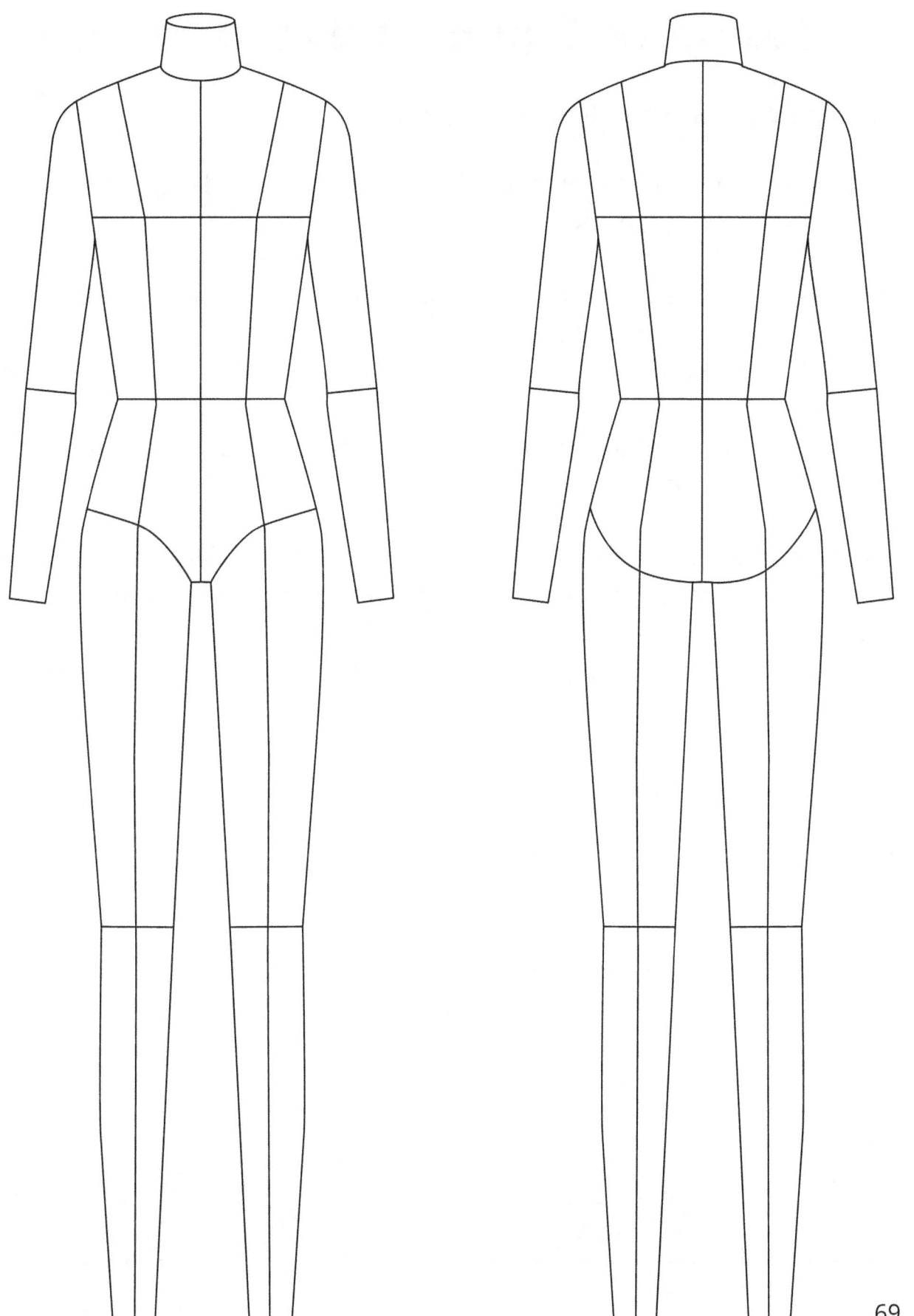

Tes notes & photos d'inspiration

Cette page est ta galerie créative.

Utilise-la pour suivre tes progrès, conserver tes idées préférées et réfléchir à ton parcours.

- Ajoute des croquis, des photos d'inspiration ou des découpes pour donner vie à tes idées.
- Note les couleurs, tissus ou éléments de tenues qui t'ont inspiré.
- Laisse de la place pour ton futur toi — pour comparer ton évolution stylistique.

Astuce pro : *Une seule image ou un petit échantillon peut inspirer toute une collection. N'hésite pas à garder chaque détail qui t'inspire.*

Inspiration Tenue : Vendredi Décontracté & Rêve Couture

Inspiration Vendredi Décontracté

Élégant mais détendu — pense à un jean avec un joli haut et des baskets ou des bottines. Ajoute un blazer pour donner de la structure, ou remplace-le par une veste en jean pour une touche plus cool. Garde les accessoires simples mais stylés.

Inspiration Rêve Couture

Imagine grand, spectaculaire, plein de personnalité ! Pense à une robe fluide, à des tissus métalliques ou à de grands nœuds. La haute couture ne suit pas de règles — elle célèbre l'imagination. Crée une pièce qui évoque le luxe et l'originalité.

Guide de pratique de mode & Notes

Les textures font ressortir tes créations !

Comment utiliser cette page :
- Dessine une tenue et indique les tissus que tu imagines.
- Mélange des textures souples et structurées.
- Note comment chaque tissu devrait bouger ou se ressentir.

Réflexion & Notes :
- Quelle combinaison de textures fonctionne le mieux ?
- Ai-je trouvé le bon équilibre entre douceur et structure ?
- Comment rendre mon dessin plus réaliste ?

Astuce Pro : *La bonne texture transforme un croquis plat en véritable magie de mode.*

_____
_____
_____
_____
_____
_____
_____
_____
_____
_____

Inspiration Tenue : Streetwear

Neutres Détendus

Neutre ne veut pas dire ennuyeux ! Le beige, le gris, le blanc et le noir peuvent être ultra frais s'ils sont bien associés. Essaie un pantalon de jogging avec un crop top, ou un manteau oversize avec des baskets.

Ajoute une couleur accent — comme le rouge ou le vert fluo — pour réveiller le look.

Idée Croquis : Crée une tenue entièrement neutre, puis ajoute un détail audacieux et observe comment cela change tout.

Tendances

Inspiration

Textiles

Notes

Détails

Échantillons

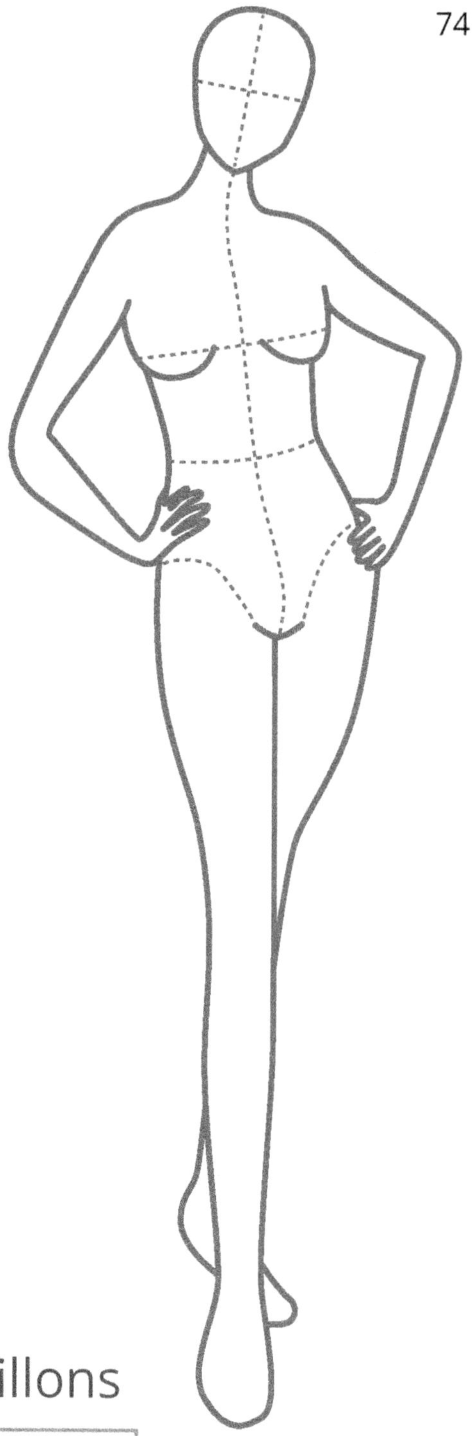

74

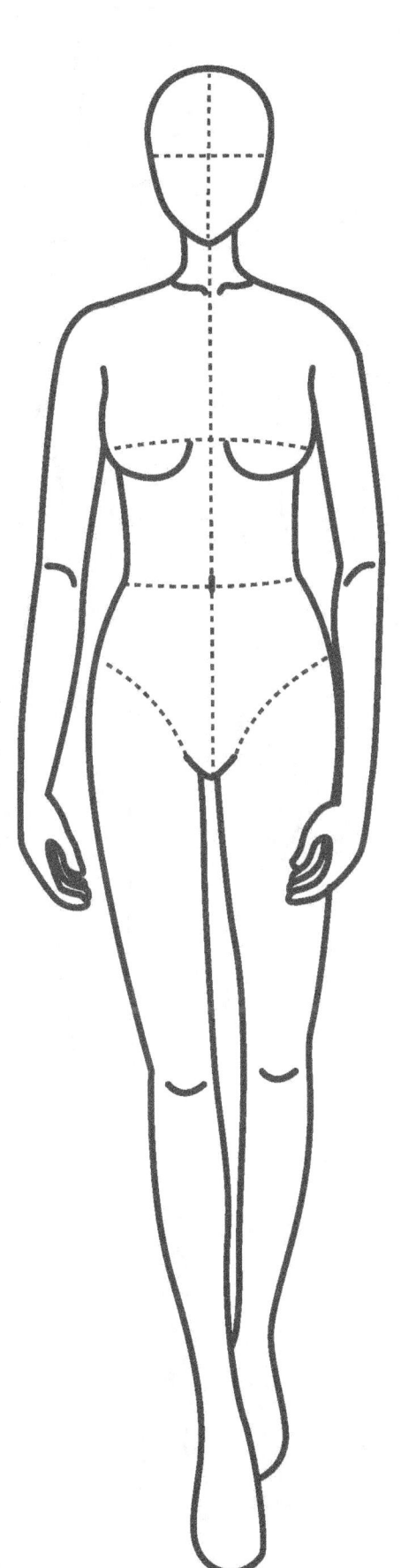
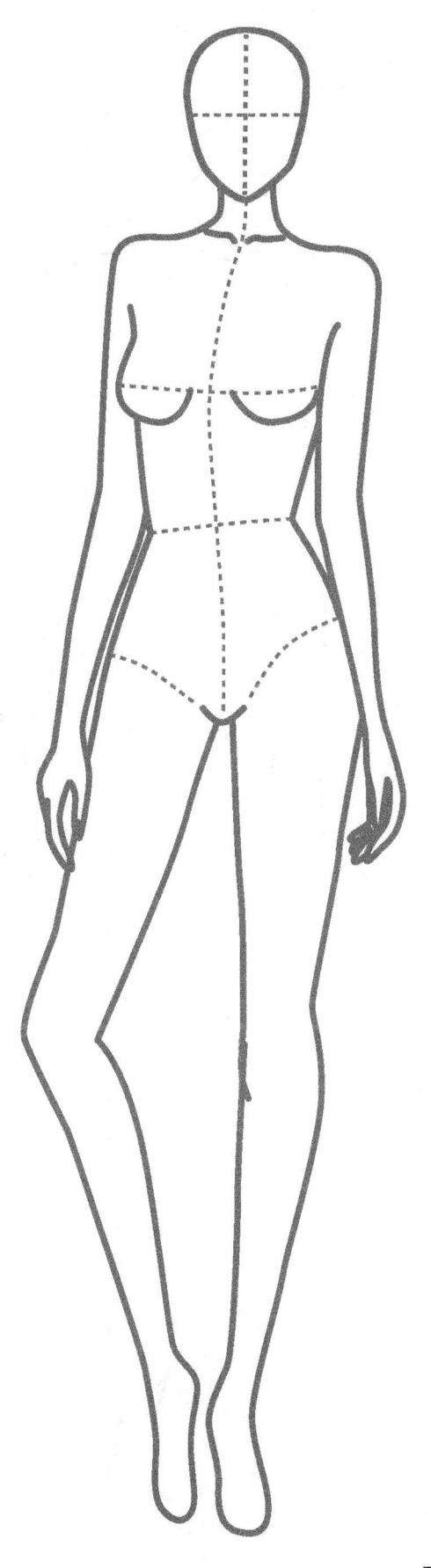

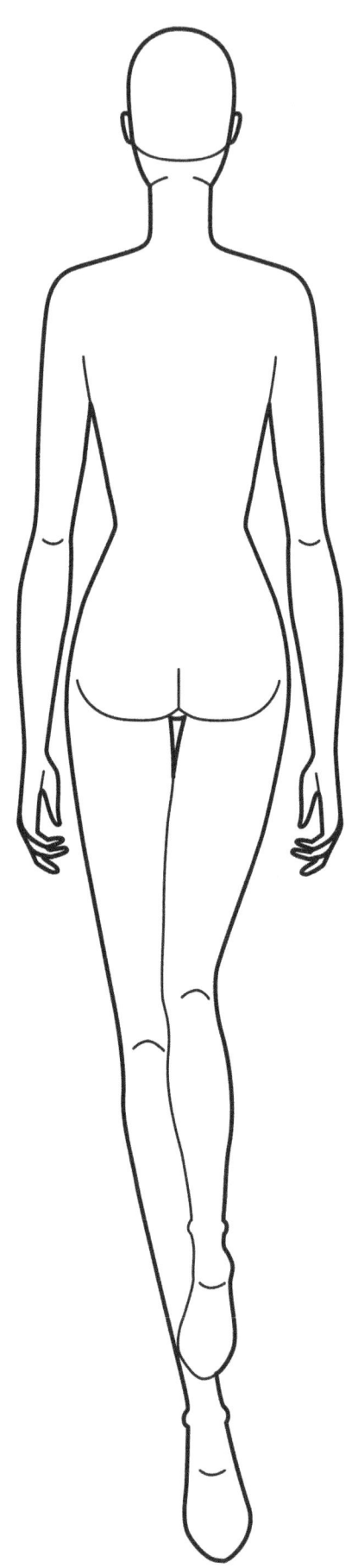
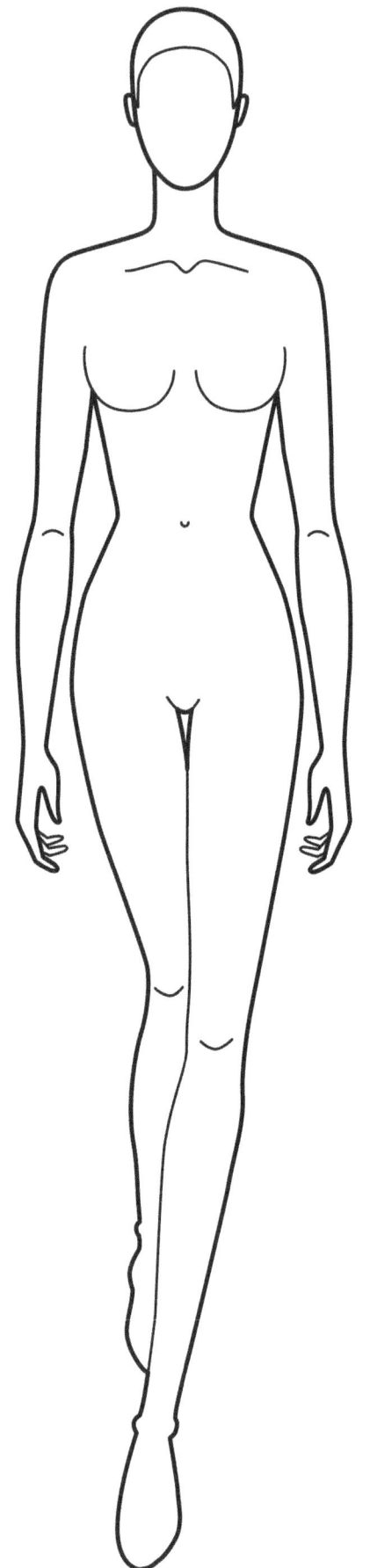

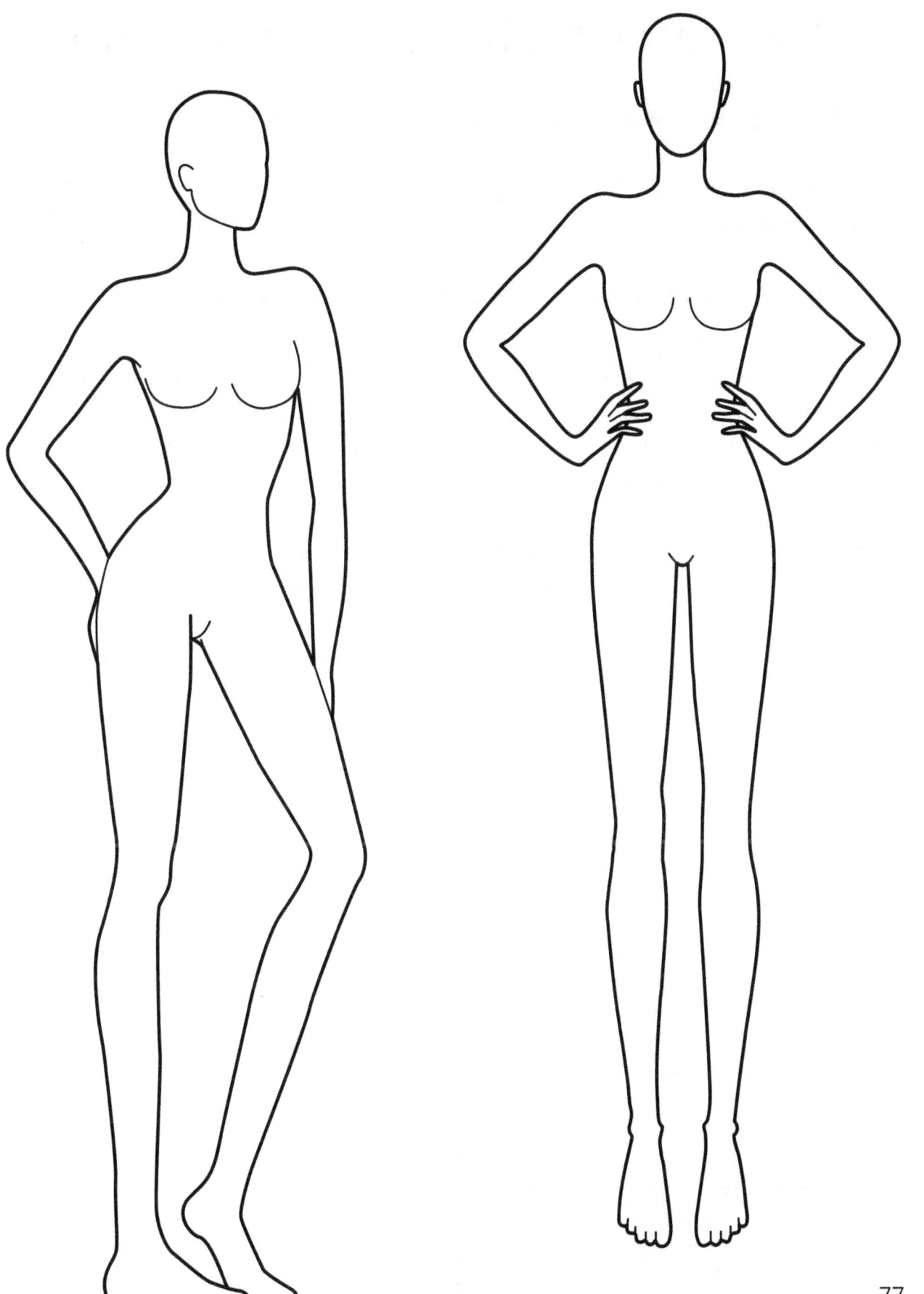

Tes notes & photos d'inspiration

Cette page est ta galerie créative.

Utilise-la pour suivre tes progrès, conserver tes idées préférées et réfléchir à ton parcours.

- Ajoute des croquis, des photos d'inspiration ou des découpes pour donner vie à tes idées.
- Note les couleurs, tissus ou éléments de tenues qui t'ont inspiré.
- Laisse de la place pour ton futur toi — pour comparer ton évolution stylistique.

Astuce pro : *Une seule image ou un petit échantillon peut inspirer toute une collection. N'hésite pas à garder chaque détail qui t'inspire.*

Inspiration Tenue :
Humeur Monochrome & Glam Minimaliste

Inspiration Humeur Monochrome

Choisis une couleur et explore ses nuances — du bleu ciel au marine, du rose pâle au vieux rose. Joue avec les textures (maille, satin, denim) pour garder l'intérêt. Le monochrome inspire calme et assurance.

Inspiration Glam Minimaliste

Simple ne veut pas dire banal ! Opte pour des lignes nettes, des couleurs unies et un seul accessoire marquant. Imagine une combinaison élégante avec des boucles d'oreilles brillantes ou une robe sobre avec une pochette colorée.

Astuce Pro :

Le minimalisme est intemporel — laisse la silhouette parler d'elle-même.

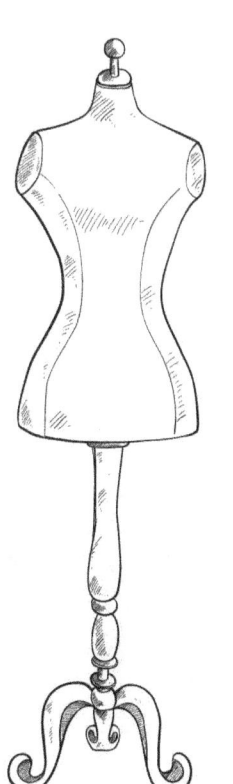

Guide de pratique de mode & Notes

Les accessoires peuvent complètement transformer une tenue !

Comment utiliser cette page :
- Commence par une base simple.
- Ajoute 2 à 3 ensembles d'accessoires différents.

Compare comment chaque combinaison change l'ambiance.

Réflexion & Notes :
- Quelle version me ressemble le plus ?
- Les accessoires ont-ils ajouté ou distrait ?

Comment trouver un meilleur équilibre la prochaine fois ?

Astuce Pro : *Même le plus petit accessoire peut faire la plus grande différence.*

_____
_____
_____
_____
_____
_____
_____
_____
_____
_____

Inspiration Tenue : Streetwear

Streetwear au Féminin

Le streetwear n'a pas besoin d'être sportif ou garçon manqué. Tu peux le rendre plus doux et ludique en y ajoutant des touches féminines — comme associer une mini-jupe à des baskets ou superposer une robe nuisette sur un t-shirt.

Joue avec les tissus et les textures : mélange une jupe en satin avec un sweat à capuche, ou un short en jean avec un haut en dentelle. Ce contraste entre décontracté et délicat crée équilibre et personnalité.

Défi Croquis : Crée un look qui combine un élément féminin (jupe ou haut mignon) avec une pièce typique du streetwear (baskets, joggers ou hoodie).

Astuce Pro : La vraie confiance vient du mélange de ce que tu aimes — ne te soucie pas des étiquettes comme « girly » ou « boyish ». Fais-en ton propre style.

Tendances

Inspiration

Textiles

Notes

Détails

Échantillons

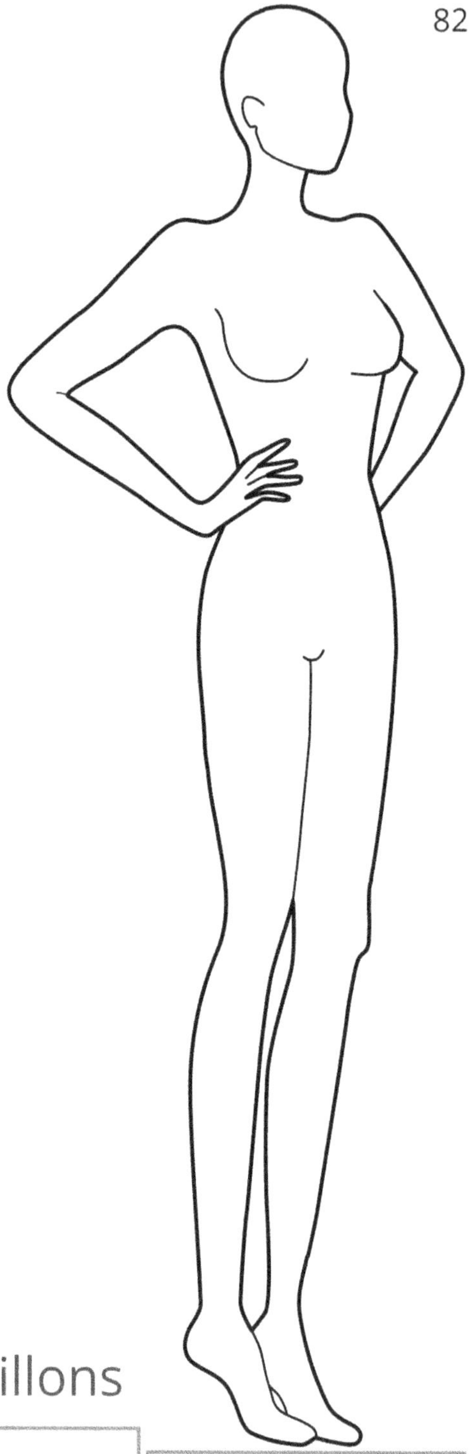

82

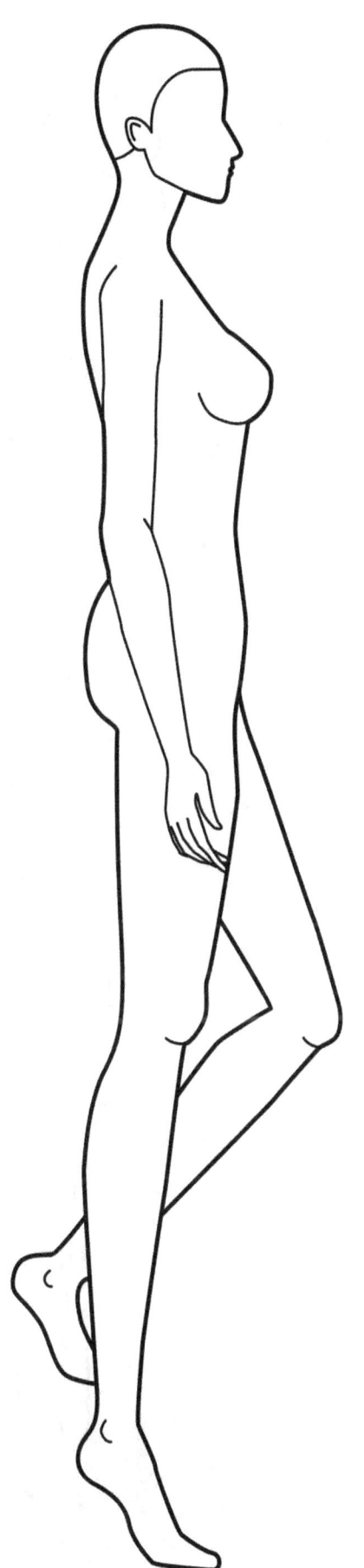
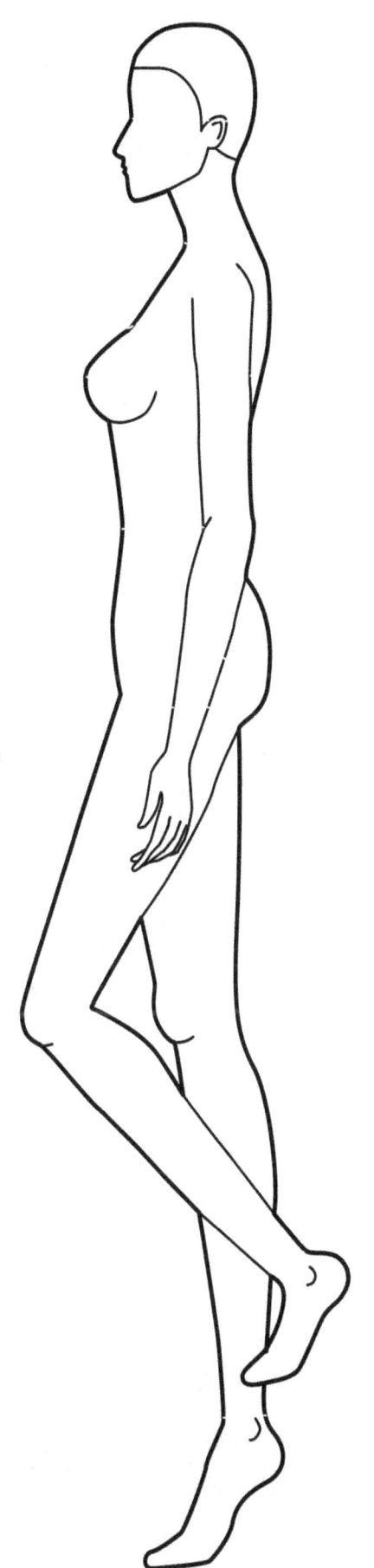

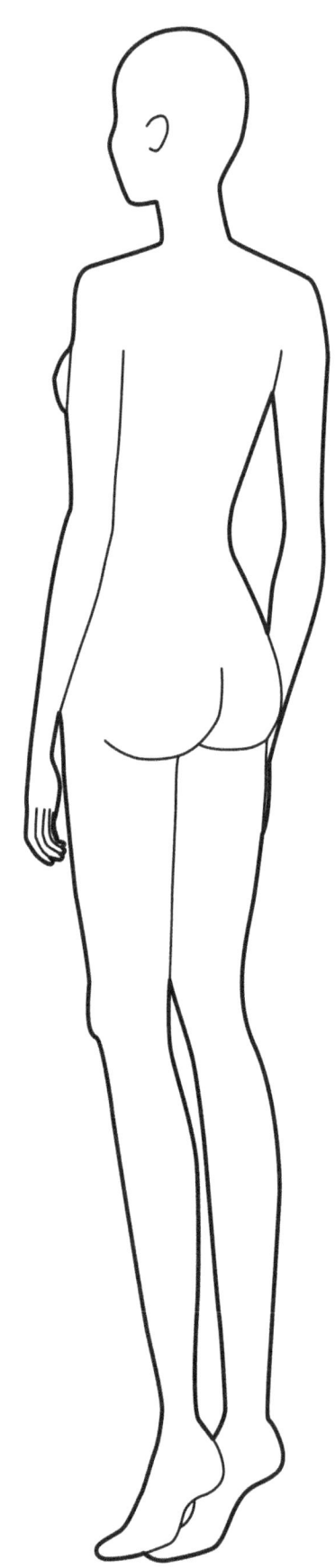

Tes notes & photos d'inspiration

Cette page est ta galerie créative.

Utilise-la pour suivre tes progrès, conserver tes idées préférées et réfléchir à ton parcours.

- Ajoute des croquis, des photos d'inspiration ou des découpes pour donner vie à tes idées.
- Note les couleurs, tissus ou éléments de tenues qui t'ont inspiré.
- Laisse de la place pour ton futur toi — pour comparer ton évolution stylistique.

Astuce pro : *Une seule image ou un petit échantillon peut inspirer toute une collection. N'hésite pas à garder chaque détail qui t'inspire.*

Inspiration Tenue :
Élégance Scolaire & Glamour Futuriste

Inspiration Élégance Scolaire

Modernise ton look d'école avec une touche d'élégance. Essaie une blouse à volants doux, une jupe plissée ou un pantalon large dans des tons pastel. Associe-les à des baskets neutres ou des mocassins et à des accessoires discrets. C'est chic tout en restant facile à porter au quotidien.

Inspiration Glamour Futuriste

Le glamour futuriste, c'est la créativité qui rencontre la brillance. Imagine des tissus fluides mélangés à des touches métalliques ou holographiques. Des robes avec corsage structuré et jupe aérienne créent un contraste parfait. Ajoute des ceintures chromées ou des boucles d'oreilles géométriques pour une touche venue d'ailleurs.

Astuce Pro : *Pense « science-fiction et éclat ». La mode peut être à la fois futuriste et féminine !*

Guide de pratique de mode & Notes

Chaque dessin que tu réalises t'aide à améliorer les proportions et le mouvement. Cette page est ton espace d'entraînement !

Comment utiliser cette page :
- Concentre-toi sur l'équilibre du corps — la longueur du torse et des jambes.
- Observe comment les vêtements tombent naturellement sur la silhouette.
- Ajoute des notes sur la coupe : ample, ajustée ou oversize.

Réflexion & Notes :
- Mes proportions sont-elles meilleures qu'avant ?
- Quelle partie de mon dessin me semble la plus naturelle ?
- Comment rendre mes poses plus réalistes ?

Astuce Pro : *De bonnes proportions rendent tes croquis de mode professionnels et dynamiques.*

_____
_____
_____
_____
_____
_____
_____
_____

Inspiration Tenue : Streetwear

La Tendance Utilitaire : Fonction & Style

La mode utilitaire allie praticité et allure. Pense aux pantalons cargo, aux gilets tactiques, aux ceintures à clips ou aux grandes poches — des pièces inspirées du vêtement de travail.

Idées de couleurs : vert olive, kaki, noir et tons camouflage.

Des accessoires comme des bottes massives, des sacs bandoulière ou des bob complètent le look.

Défi Croquis : Dessine un débardeur court avec un pantalon cargo ample et un gilet utilitaire. Ajoute tes baskets ou bottes préférées pour une allure affirmée.

Astuce Pro : *Un streetwear fonctionnel dégage confiance et force.*

Tendances

Inspiration

Textiles

Notes

Détails

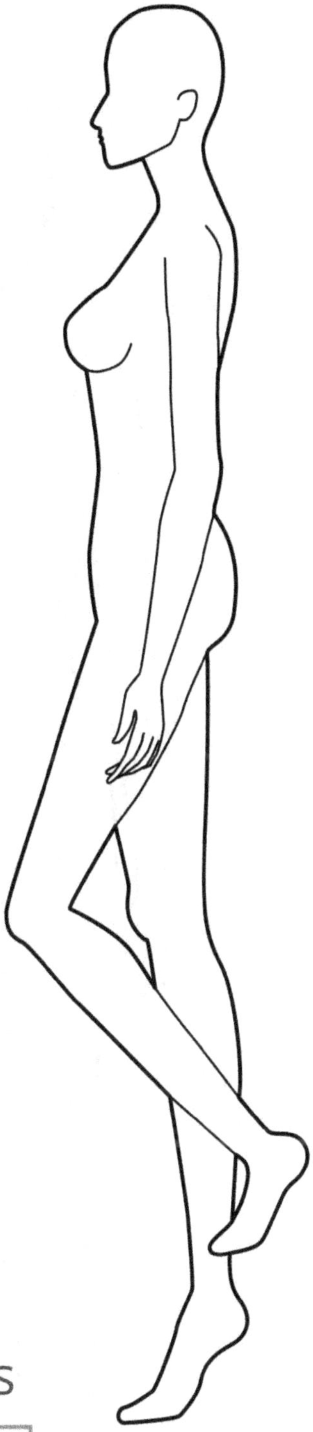

Échantillons

89

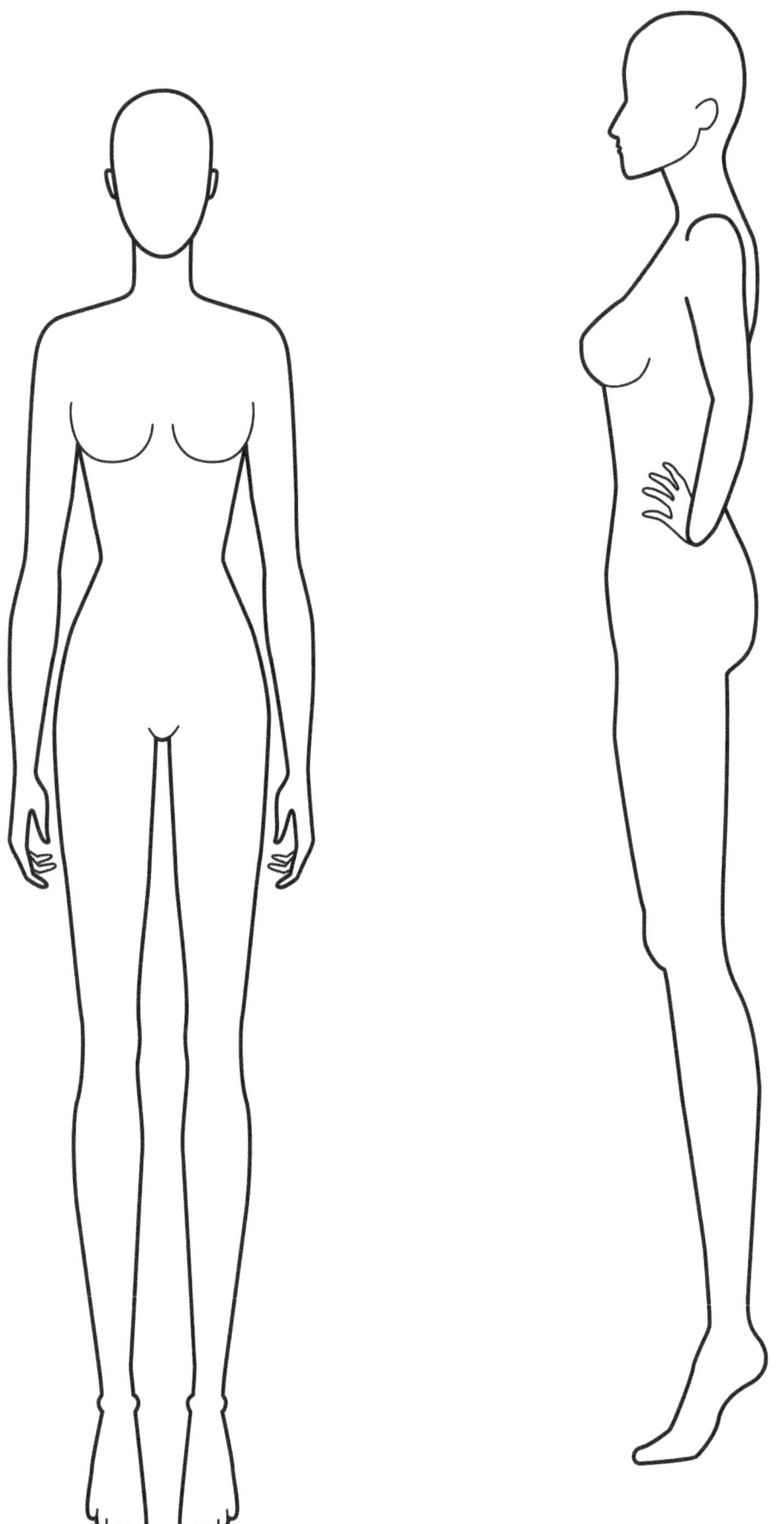

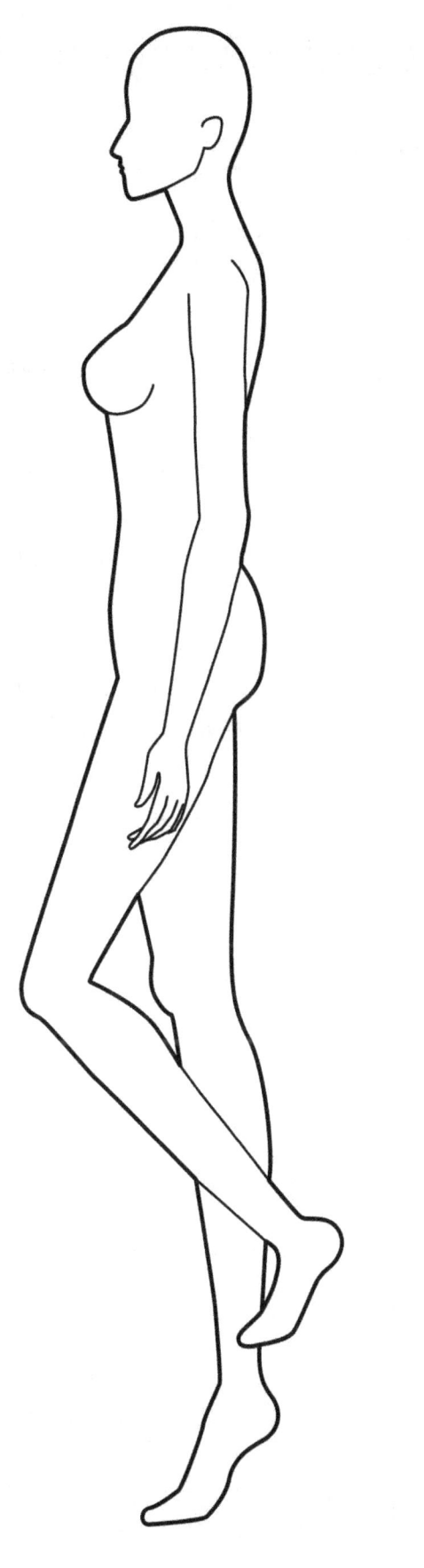
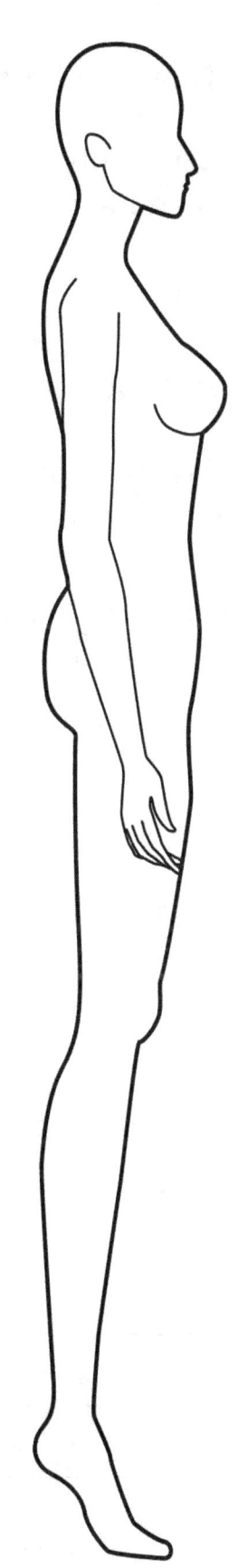

Tes notes & photos d'inspiration

Cette page est ta galerie créative.

Utilise-la pour suivre tes progrès, conserver tes idées préférées et réfléchir à ton parcours.

- Ajoute des croquis, des photos d'inspiration ou des découpes pour donner vie à tes idées.
- Note les couleurs, tissus ou éléments de tenues qui t'ont inspiré.
- Laisse de la place pour ton futur toi — pour comparer ton évolution stylistique.

Astuce pro : *Une seule image ou un petit échantillon peut inspirer toute une collection. N'hésite pas à garder chaque détail qui t'inspire.*

Inspiration Tenue :
Chic Décontracté & Éclat de Festival

Inspiration Chic Décontracté

Allie confort et élégance ! Porte un pantalon droit avec un t-shirt ou un pull rentré. Ajoute un blazer court ou une veste légère. Termine le look avec des baskets ou des bottines — parfait pour une présentation ou une journée tranquille d'étude.

Inspiration Éclat de Festival

Le glamour de festival, c'est la liberté et la fête. Les sequins, les tissus brillants et holographiques apportent couleur et énergie. Essaie des jupes fluides, des franges ou des hauts décorés. Ajoute des lunettes originales ou des bijoux superposés pour encore plus d'éclat.

Astuce Pro :

Imagine une tenue qui brille sous le soleil ou les projecteurs — laisse ta créativité rayonner !

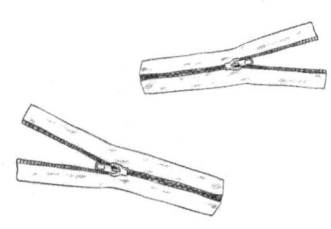

Guide de pratique de mode & Notes

Les couleurs racontent une histoire — chacune change toute l'ambiance d'une tenue.

Comment utiliser cette page :
- Dessine une tenue et teste 2–3 palettes de couleurs.
- Identifie-les (chaude, froide ou monochrome).
- Observe comment le ressenti évolue avec chaque combinaison.

Réflexion & Notes :
- Quelle palette me correspond le mieux ?
- Les couleurs s'accordent-elles ou se heurtent ?
- Comment pourrais-je réutiliser ces tons ?

Astuce Pro : *La couleur, c'est l'émotion — utilise-la pour exprimer ton humeur et ta personnalité.*

_____
_____
_____
_____
_____
_____
_____
_____
_____

Inspiration Tenue : Streetwear

Le Retour du Streetwear Vintage

Le style rétro reste toujours tendance ! Le streetwear revisite souvent les années 80, 90 ou 2000 — denim oversize, chemises à carreaux, tie-dye ou bobs.

Idée de design : Réinvente un look vintage avec une touche moderne. Par exemple, un jean large et un hoodie court, ou un sweat tie-dye avec des baskets nouvelle génération.

Astuce Pro : *La mode revient toujours — ajoute ta touche personnelle pour rendre le vintage unique et actuel.*

Tendances

Inspiration

Textiles

Notes

Détails

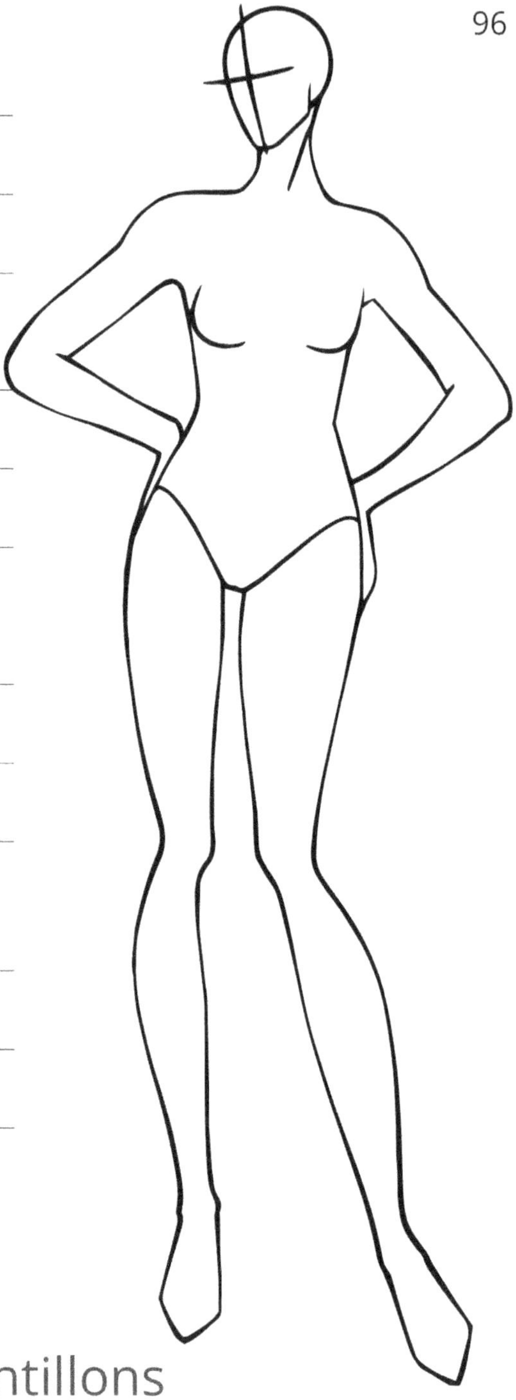

Échantillons

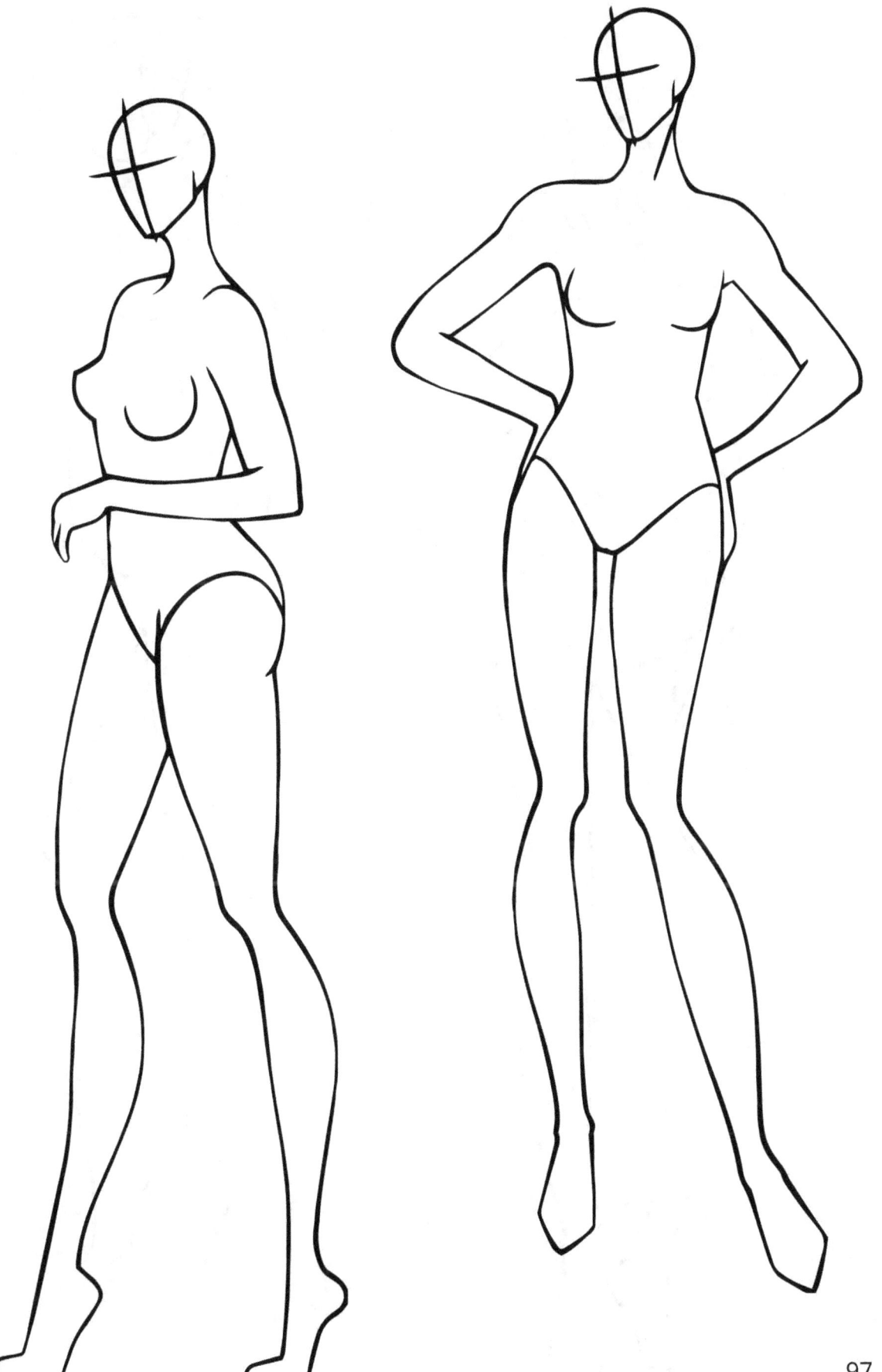

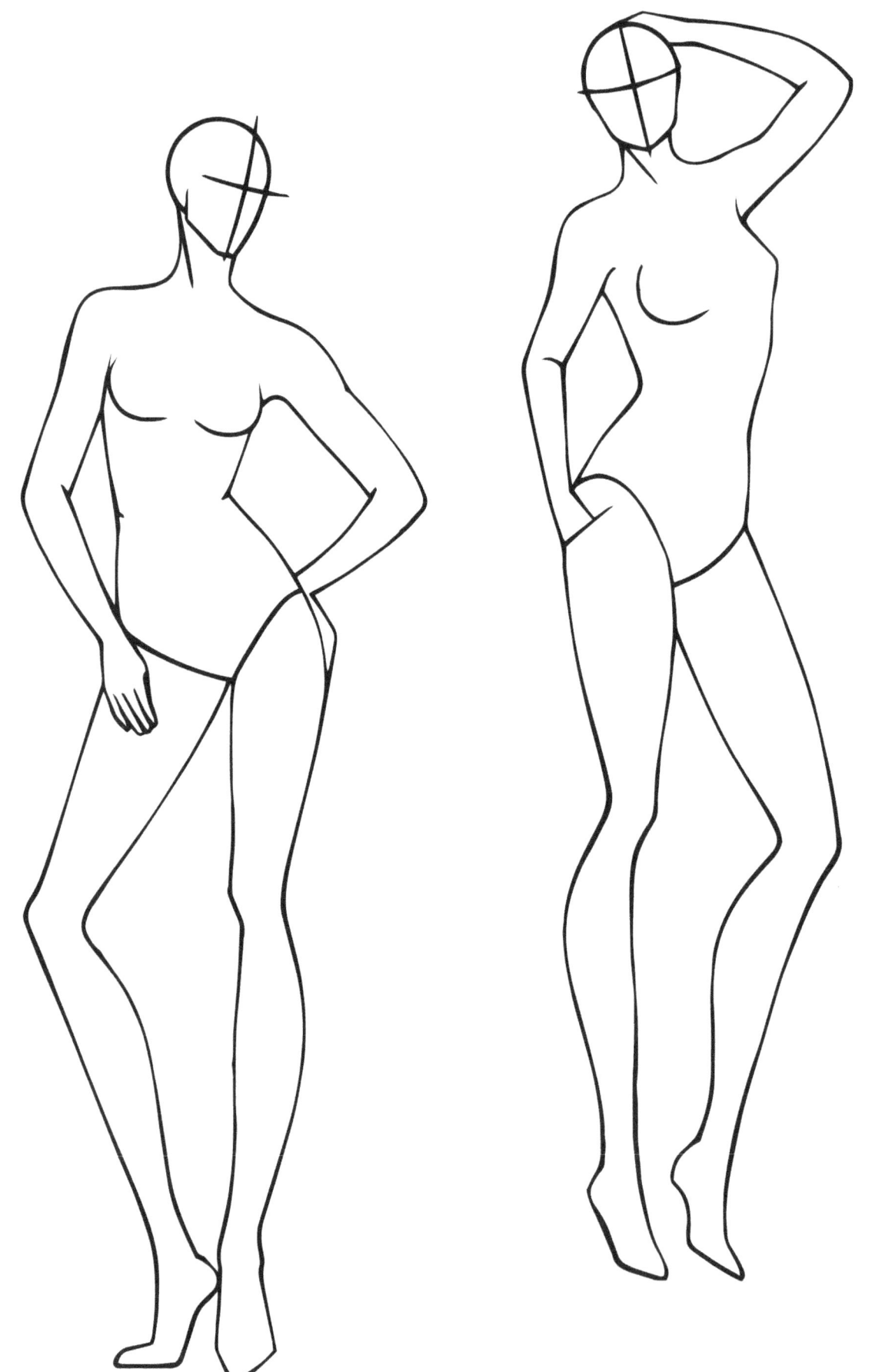

Tes notes & photos d'inspiration

Cette page est ta galerie créative.

Utilise-la pour suivre tes progrès, conserver tes idées préférées et réfléchir à ton parcours.

- Ajoute des croquis, des photos d'inspiration ou des découpes pour donner vie à tes idées.
- Note les couleurs, tissus ou éléments de tenues qui t'ont inspiré.
- Laisse de la place pour ton futur toi — pour comparer ton évolution stylistique.

Astuce pro : *Une seule image ou un petit échantillon peut inspirer toute une collection. N'hésite pas à garder chaque détail qui t'inspire.*

Inspiration Tenue :
Chic de Classe & Couture Éco-Glam

Inspiration Chic de Classe

Une robe simple peut devenir ton indispensable ! Choisis une robe mi-longue dans une teinte pastel unie, avec une veste courte ou un cardigan. Privilégie des tissus respirants comme le coton ou le lin. Ajoute une fine ceinture et des chaussures neutres pour un style doux et soigné.

Inspiration Couture Éco-Glam

L'éco-glam, c'est prendre soin de la planète tout en restant sublime. Imagine des robes ou ensembles faits à partir de matières durables ou recyclées — coton bio, bambou, ou denim réinventé. Des détails peints à la main ou en patchwork rendent la pièce encore plus spéciale.

Astuce Pro :

Être écoresponsable sera toujours tendance.

Guide de pratique de mode & Notes

Les grands créateurs pensent en collections, pas seulement en tenues uniques.

Comment utiliser cette page :
- Dessine 2 ou 3 modèles liés par un même thème.
- Garde un détail cohérent — comme une couleur ou une silhouette.
- Note comment chaque pièce s'intègre dans ta mini-collection.

Réflexion & Notes :
- Mes créations semblent-elles appartenir à la même collection ?
- Quelle tenue se démarque le plus ?
- Qu'est-ce qui relie l'ensemble ?

Astuce Pro :
Chaque collection raconte une histoire — veille à ce que la tienne ait un fil conducteur.

_____
_____
_____
_____
_____
_____
_____
_____
_____

Inspiration Tenue : Streetwear

Les Baskets d'Abord : Construis ton look à partir du bas

En streetwear, les baskets sont la vedette. Parfois, toute la tenue est pensée autour d'elles ! Choisis une paire audacieuse — semelles épaisses, détails fluo ou montantes — et crée ton look en fonction. Pourquoi pas un pantalon cargo rentré dans les chaussettes, un hoodie court et une veste stylée ?

Astuce tissu : Associe des vêtements neutres à des chaussures colorées, ou rappelle une couleur des baskets dans tes accessoires.

Astuce Pro :

Quand tes chaussures ont du caractère, garde le reste équilibré — mais jamais ennuyeux.

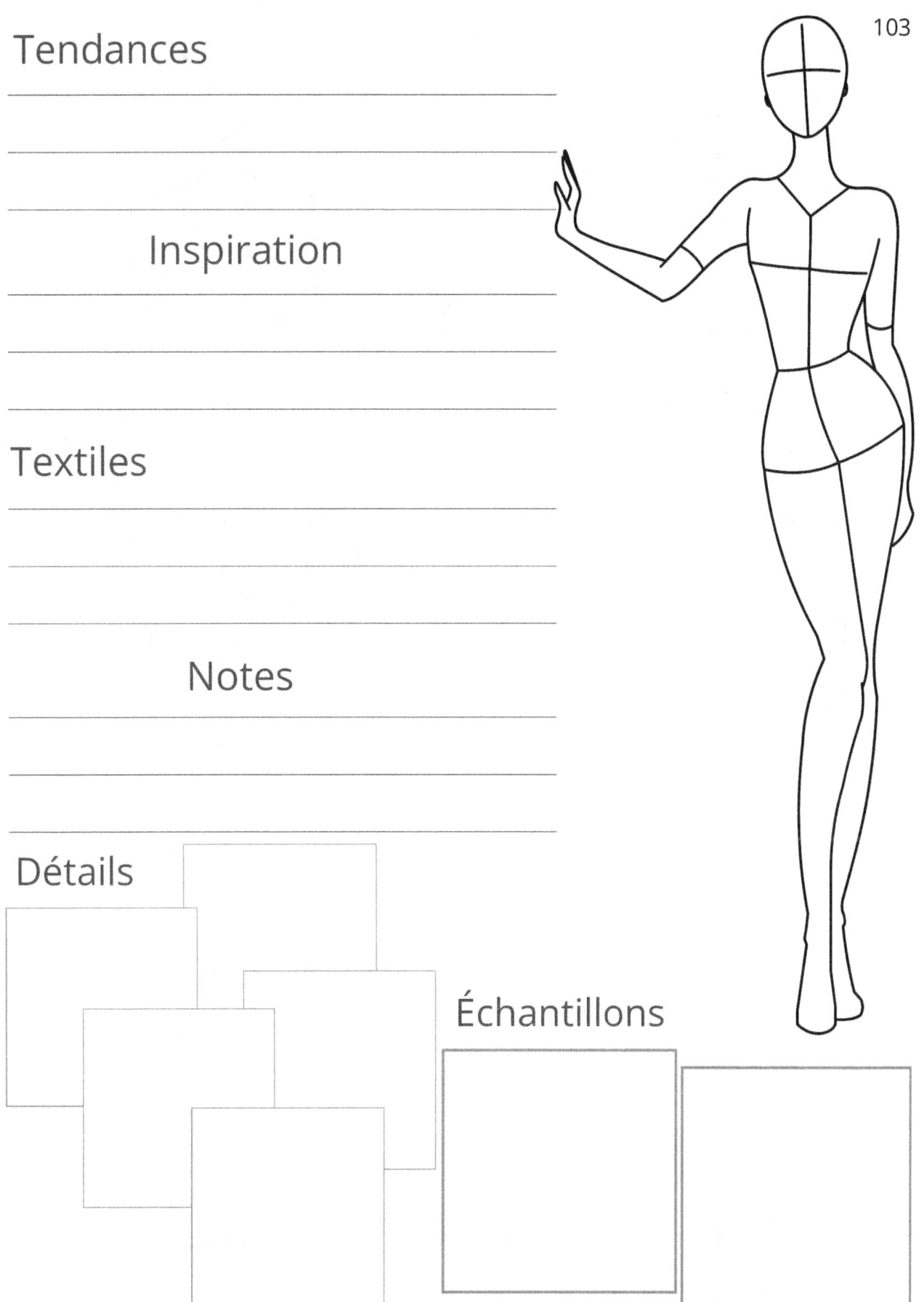

Tendances

Inspiration

Textiles

Notes

Détails

Échantillons

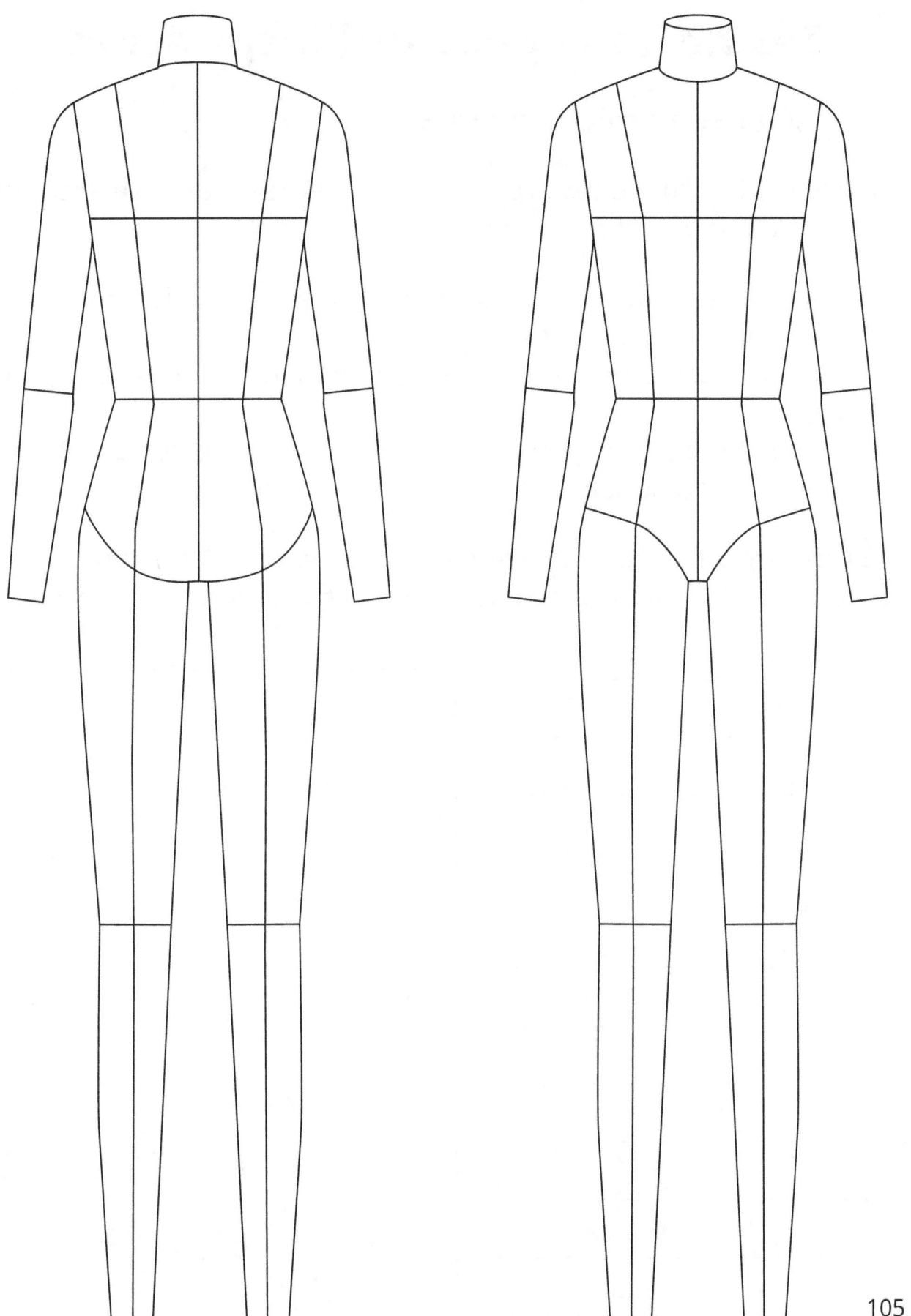

Tes notes & photos d'inspiration

Cette page est ta galerie créative.

Utilise-la pour suivre tes progrès, conserver tes idées préférées et réfléchir à ton parcours.

- Ajoute des croquis, des photos d'inspiration ou des découpes pour donner vie à tes idées.
- Note les couleurs, tissus ou éléments de tenues qui t'ont inspiré.
- Laisse de la place pour ton futur toi — pour comparer ton évolution stylistique.

Astuce pro : *Une seule image ou un petit échantillon peut inspirer toute une collection. N'hésite pas à garder chaque détail qui t'inspire.*

Inspiration Tenue :
Style Scolaire Tendance & Star Futuriste

Inspiration Style Scolaire Tendance

Reste à la mode avec des tendances discrètes adaptées au quotidien. Les blazers oversize, les tons pastel ou les pantalons larges donnent une allure à la fois professionnelle et décontractée. Ajoute un sac structuré ou des mocassins à plateforme pour une touche moderne et portable.

Inspiration Star Futuriste

Imagine un look de défilé qui brille ! Des tissus réfléchissants, des accents lumineux ou des manches sculpturales poussent la créativité à son maximum. Ce style attire tous les regards et montre ton imagination sans limites.

Astuce Pro :

Ose — la mode du futur commence dans ton carnet de croquis.

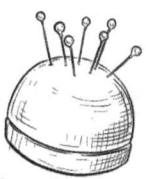

Guide de pratique de mode & Notes

Le minimalisme a du pouvoir. Laisse ton design respirer.

Comment utiliser cette page :
- Crée une tenue avec seulement trois détails principaux.
- Concentre-toi sur la forme et l'espace.
- Note ce que tu ressens sans décorations superflues.

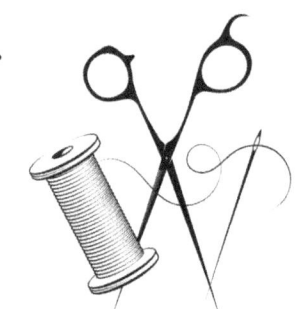

Réflexion & Notes :
- La simplicité renforce-t-elle le dessin ?
- Quel est l'élément central ici ?
- Que pourrais-je retirer ou affiner ?

Astuce Pro : *La simplicité met en valeur ton talent — laisse parler tes lignes.*

Inspiration Tenue : Streetwear

Des Accessoires qui Claquent !

Les accessoires font tout en streetwear — ils ajoutent de l'attitude ! Essaie un bonnet, des chaînes épaisses, des lunettes oversize ou des mini-sacs portés en bandoulière.

Défi Croquis : Dessine une tenue simple et rehausse-la avec deux ou trois accessoires marquants. Observe comment tout le look change !

Astuce Pro :
Les accessoires sont le moyen le plus facile d'essayer une tendance sans tout redessiner.

Tendances

Inspiration

Textiles

Notes

Détails

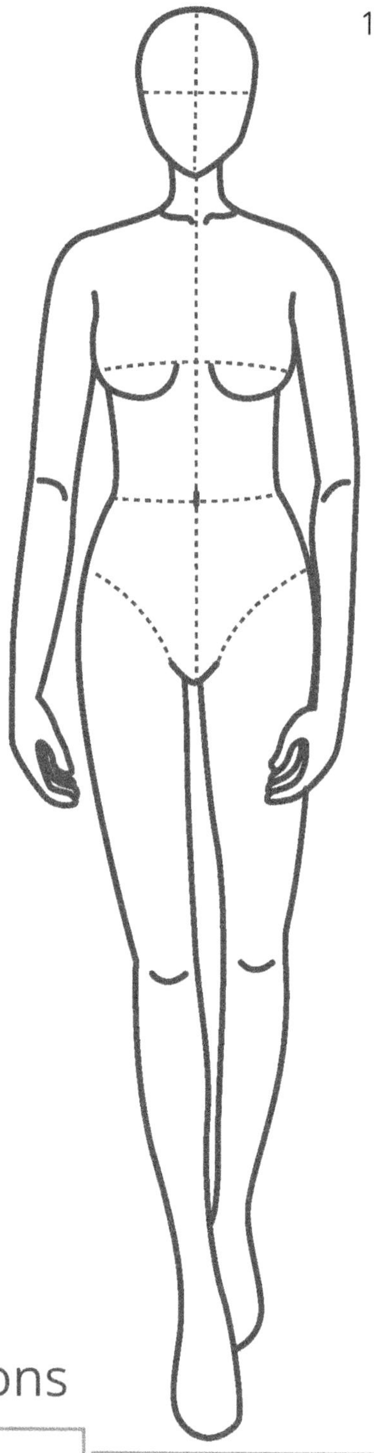

Échantillons

110

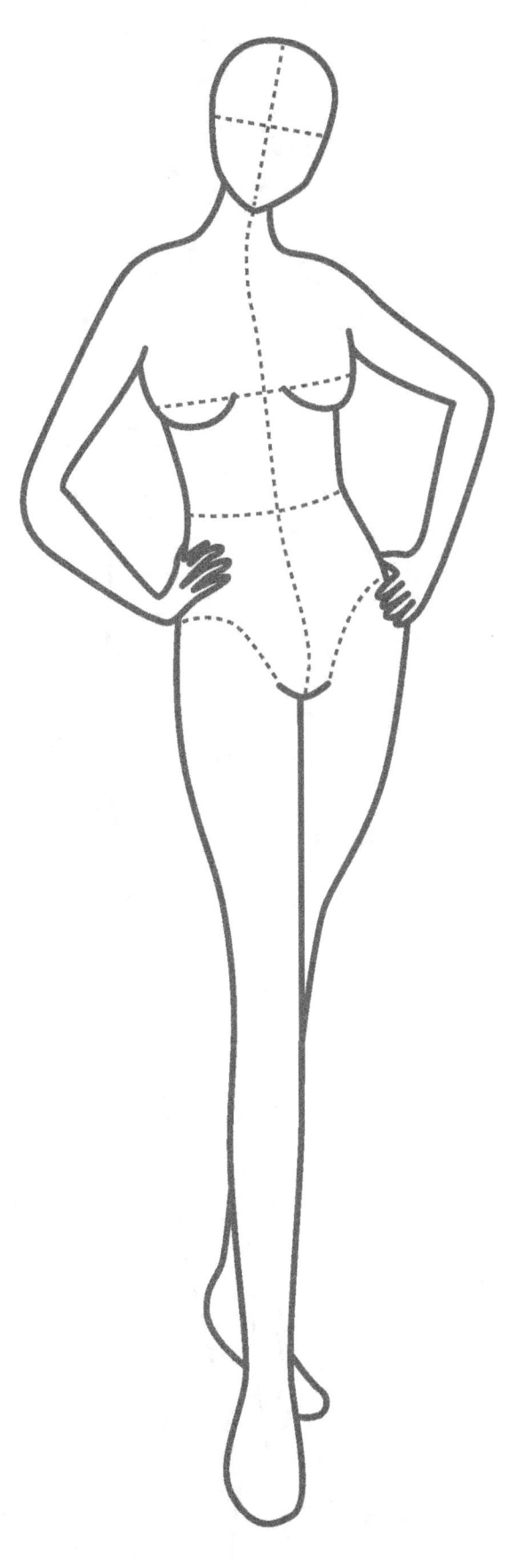
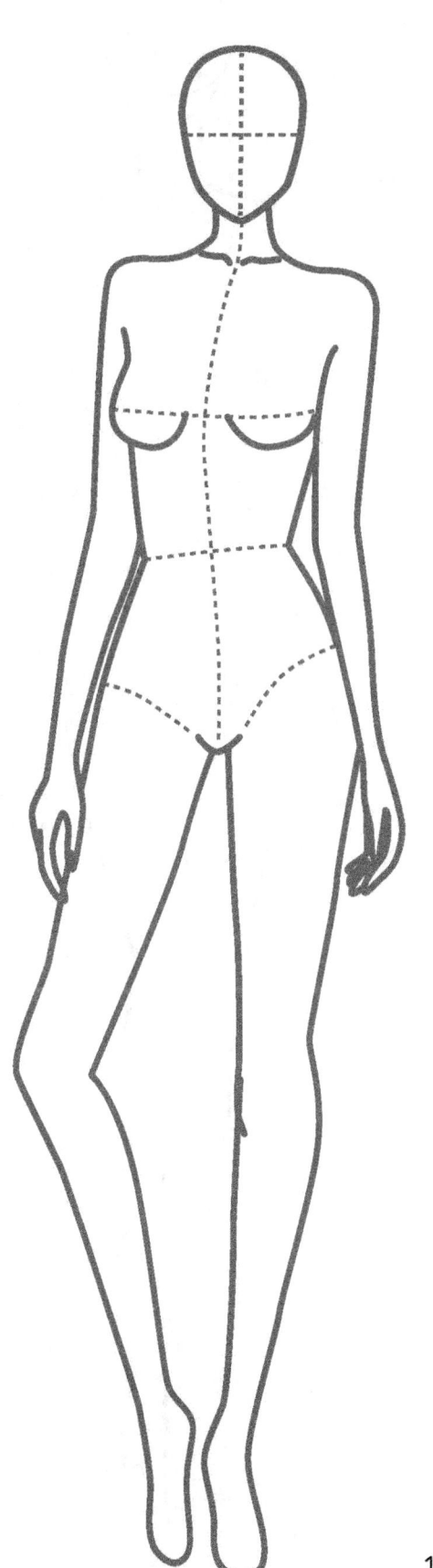

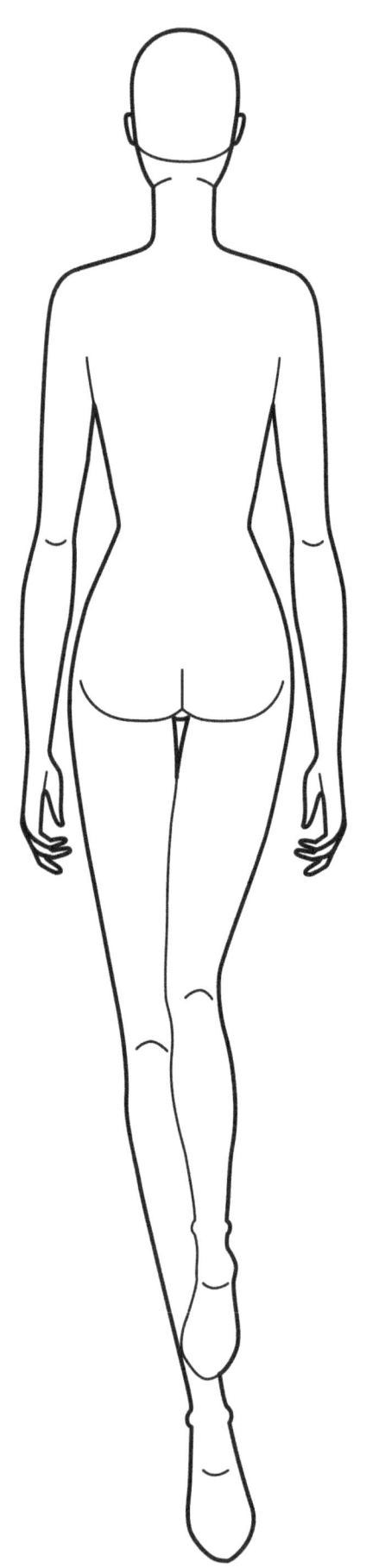
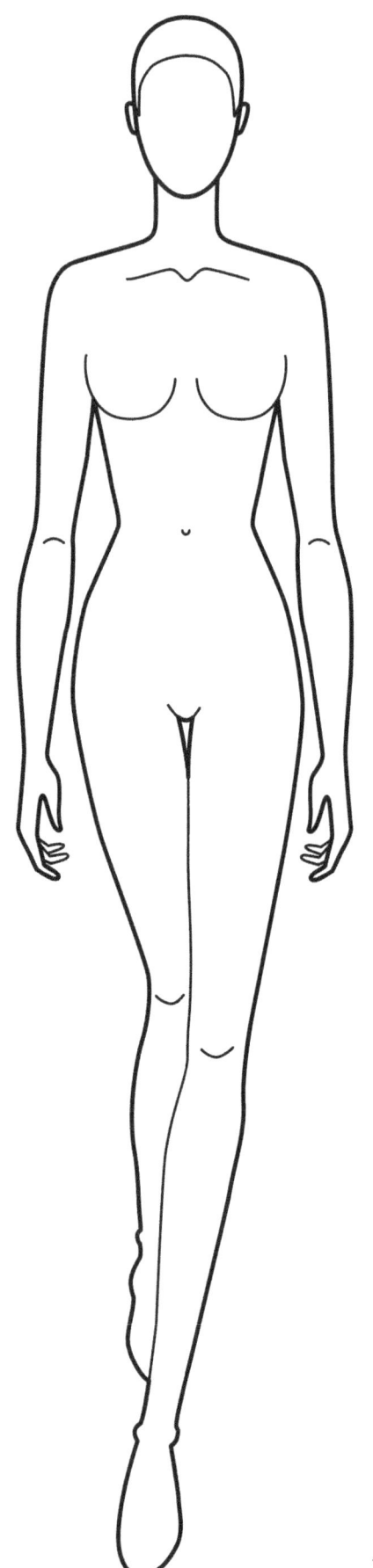

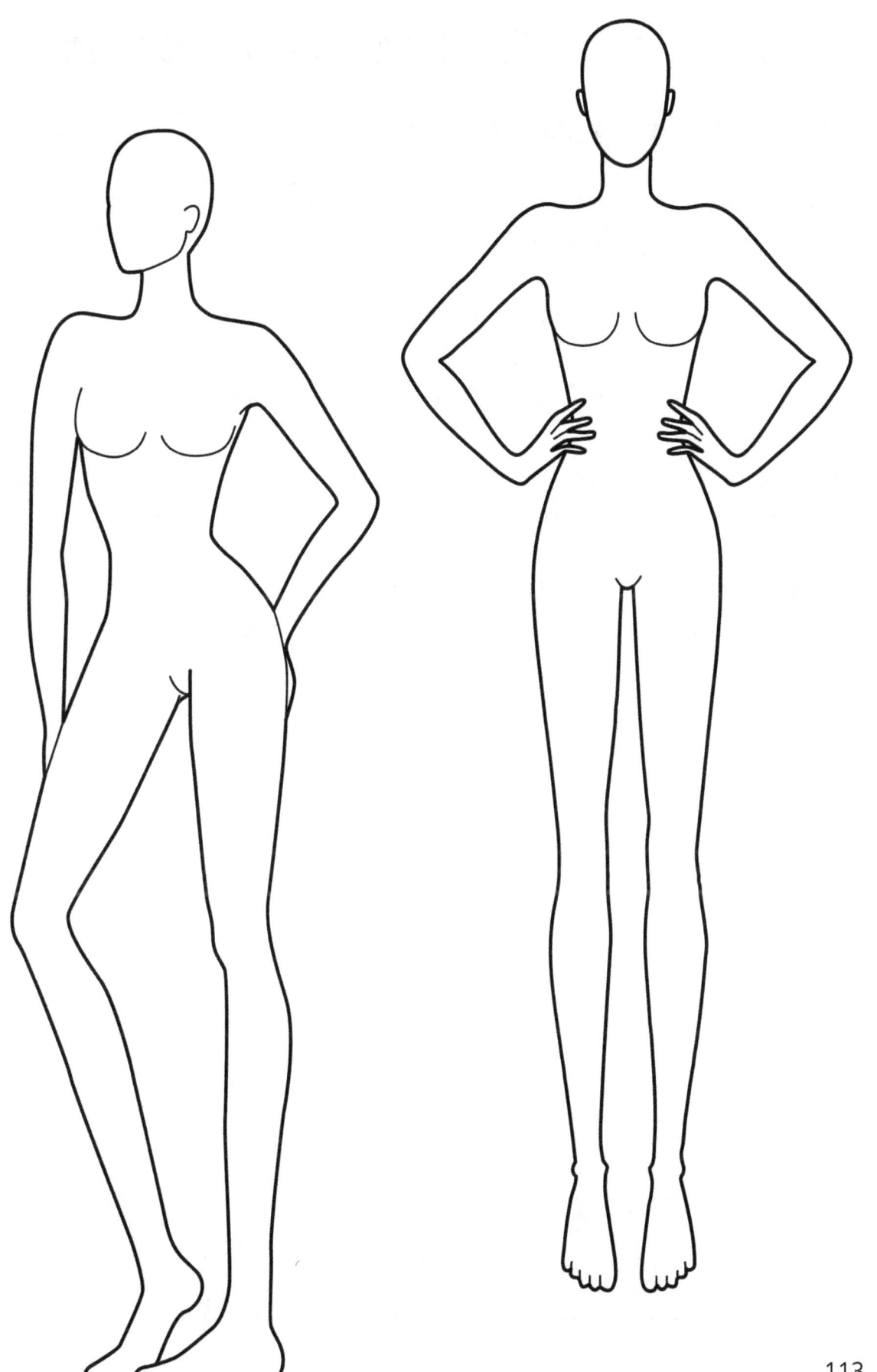

Tes notes & photos d'inspiration

Cette page est ta galerie créative.

Utilise-la pour suivre tes progrès, conserver tes idées préférées et réfléchir à ton parcours.

- Ajoute des croquis, des photos d'inspiration ou des découpes pour donner vie à tes idées.
- Note les couleurs, tissus ou éléments de tenues qui t'ont inspiré.
- Laisse de la place pour ton futur toi — pour comparer ton évolution stylistique.

Astuce pro : *Une seule image ou un petit échantillon peut inspirer toute une collection. N'hésite pas à garder chaque détail qui t'inspire.*

Inspiration Tenue :
Superpositions Scolaires & Glamour Classique

Inspiration Superpositions Scolaires

Les superpositions ne sont pas réservées à l'hiver — elles ajoutent de la profondeur et du style. Essaie un col roulé sous une robe nuisette, ou une chemise boutonnée sous une combinaison. Ajoute foulards, ceintures ou vestes légères pour varier les styles. C'est pratique et avant-gardiste.

Inspiration Glamour Classique

Le glamour de tapis rouge ne se démode jamais ! Pense à des robes longues et épurées, des tissus satinés ou des drapés élégants. Ajoute des bijoux éclatants et une attitude assurée. Ce style intemporel dit : « Me voici. »

Astuce Pro :

De belles superpositions donnent à n'importe quelle tenue une allure de défilé.

Guide de pratique de mode & Notes

Il est temps de célébrer tes progrès ! Regarde tout ce que tu as créé et le chemin parcouru.

Comment utiliser cette page :
- Dessine une tenue qui montre ton évolution.
- Note ce que tu as appris jusqu'ici.
- Fixe-toi un nouvel objectif mode.

Réflexion & Notes :
- Quelle est ma plus belle amélioration ?
- Quelle compétence veux-je maîtriser ensuite ?
- Quelle est ma prochaine étape créative ?

Astuce Pro : *La progression, c'est du style — chaque page prouve que tu deviens un·e créateur·rice plus fort·e.*

_____
_____
_____
_____
_____
_____
_____
_____
_____

Inspiration Tenue : Streetwear

Le Streetwear = L'Expression de Soi

Le meilleur dans le streetwear ? C'est toi. Mélange les styles — oversize, sportif, féminin ou audacieux — pour raconter ton histoire. Ne suis pas les tendances, crée-les.

Exercice Croquis : Imagine une tenue qui reflète à 100 % ta personnalité. Utilise tes couleurs, formes ou influences culturelles préférées. Ajoute ton propre logo ou motif.

Pensée Finale : Le streetwear, ce n'est pas juste de la mode — c'est la confiance transformée en tissu.

Tendances

Inspiration

Textiles

Notes

Détails

Échantillons

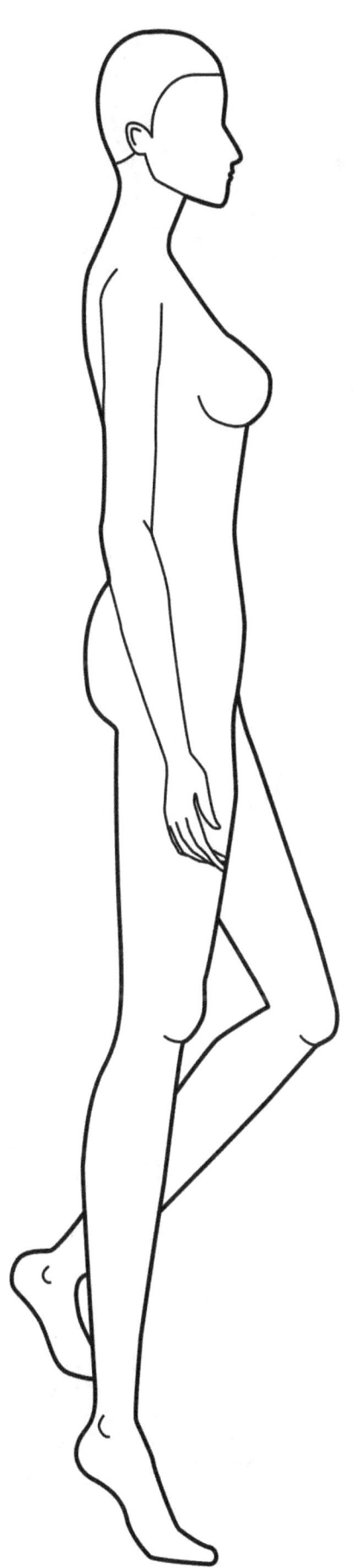

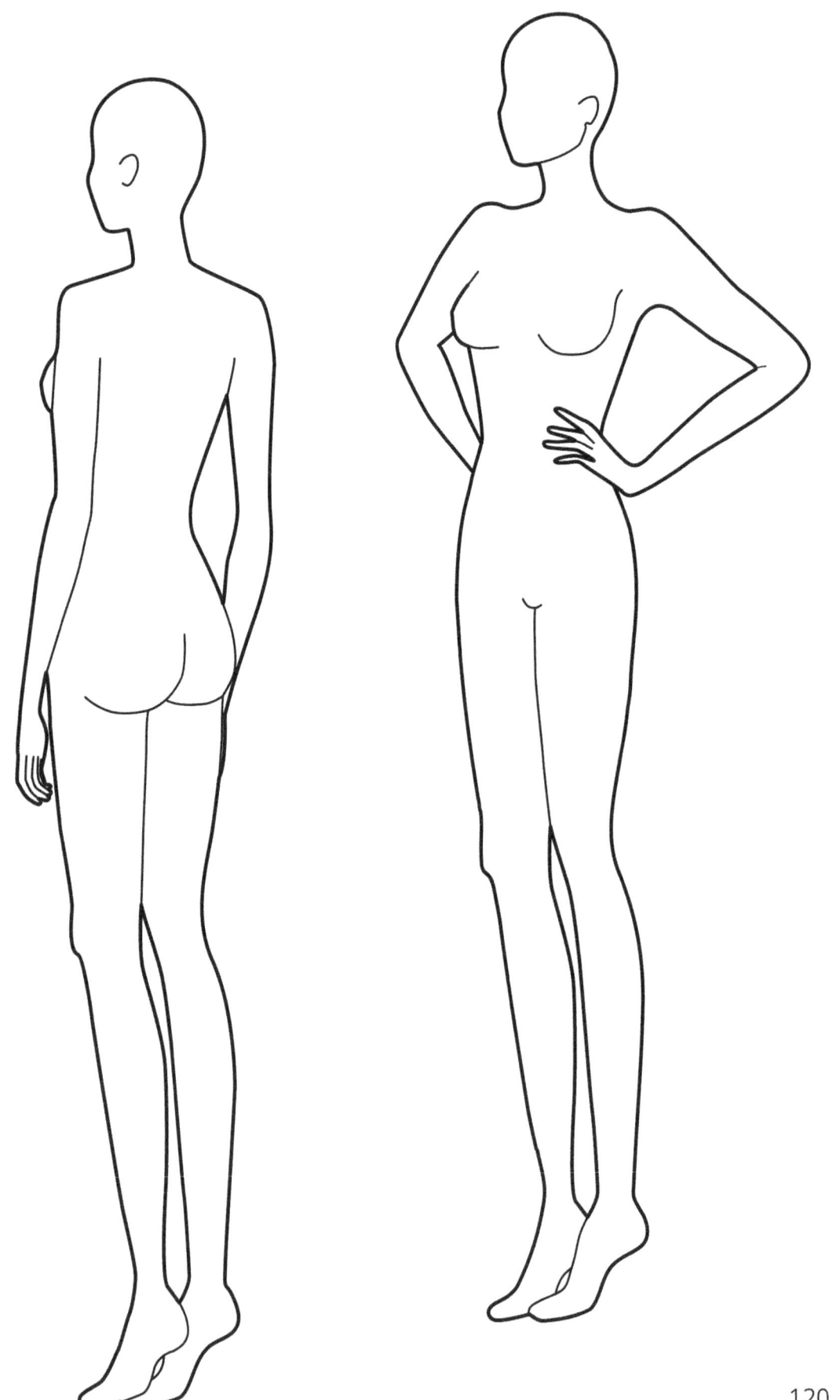

Tes notes & photos d'inspiration

Cette page est ta galerie créative.

Utilise-la pour suivre tes progrès, conserver tes idées préférées et réfléchir à ton parcours.

- Ajoute des croquis, des photos d'inspiration ou des découpes pour donner vie à tes idées.
- Note les couleurs, tissus ou éléments de tenues qui t'ont inspiré.
- Laisse de la place pour ton futur toi — pour comparer ton évolution stylistique.

Astuce pro : *Une seule image ou un petit échantillon peut inspirer toute une collection. N'hésite pas à garder chaque détail qui t'inspire.*

Inspiration Tenue :
Déclaration Scolaire Audacieuse & Rêve Avant-Garde

Inspiration Déclaration Scolaire Audacieuse

Affirme-toi par la couleur ! Essaie un costume vif — rouge, bleu ou vert émeraude — avec un haut simple et des baskets ou bottines. Tu dégageras audace, créativité et leadership.

Inspiration Rêve Avant-Garde

La mode avant-gardiste, c'est de l'art portable. Pense à des formes spectaculaires, des superpositions et des textures inattendues. Des manches XXL, des coupes asymétriques ou des matériaux surprenants peuvent transformer ton croquis en œuvre d'art.

Astuce Pro : Repousse les limites — la mode évolue quand on ose.

Tendances

Inspiration

Textiles

Notes

Détails

Échantillons

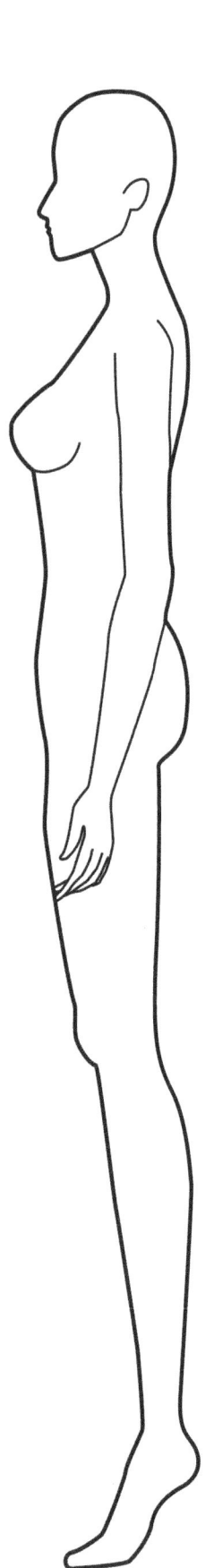
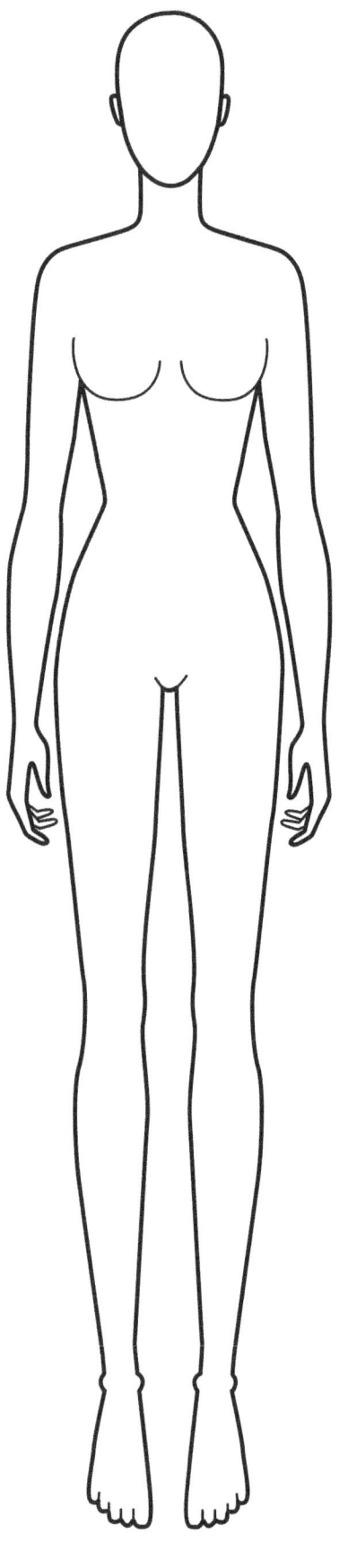

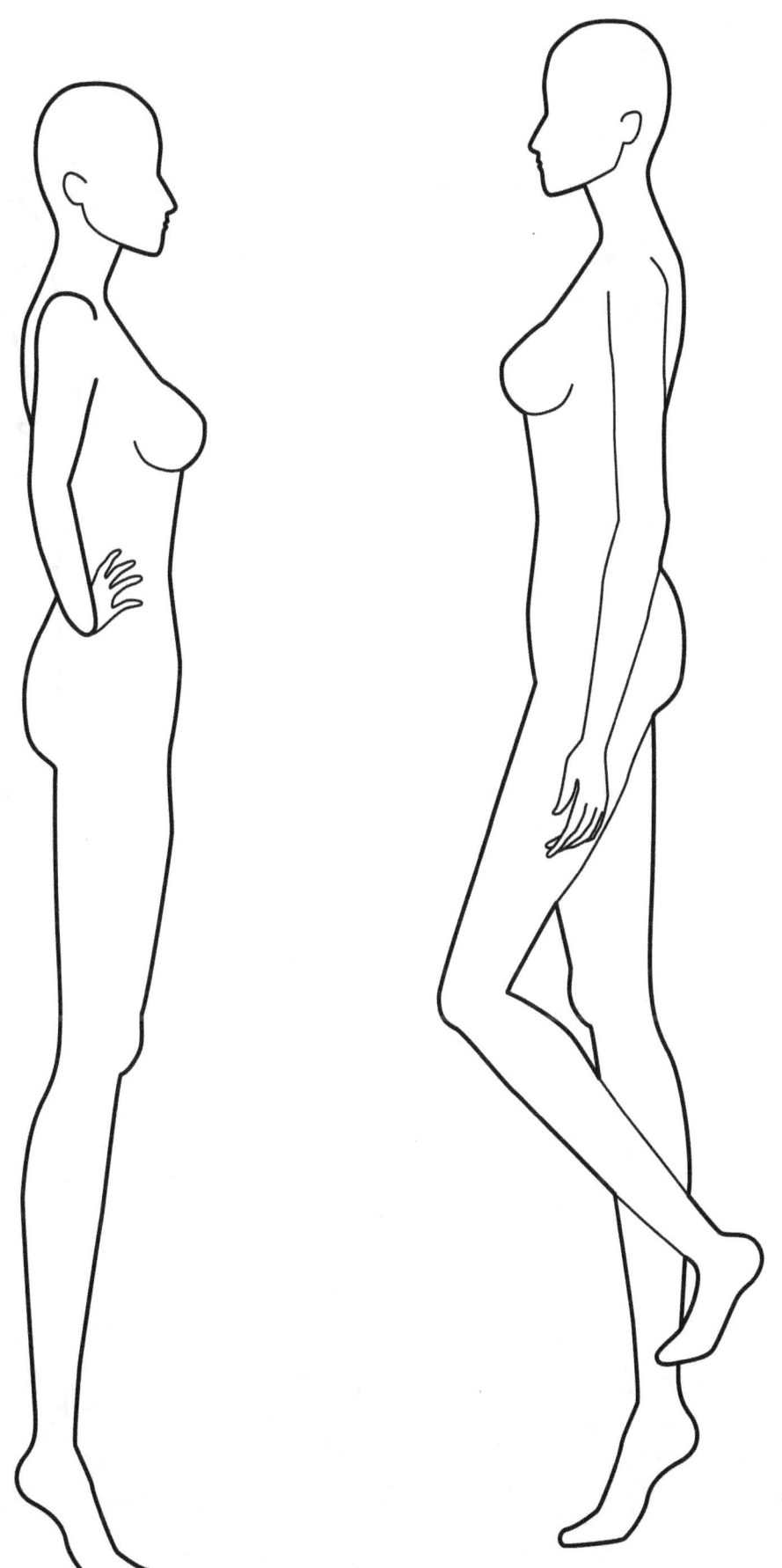

Tendances

Inspiration

Textiles

Notes

Détails

Échantillons

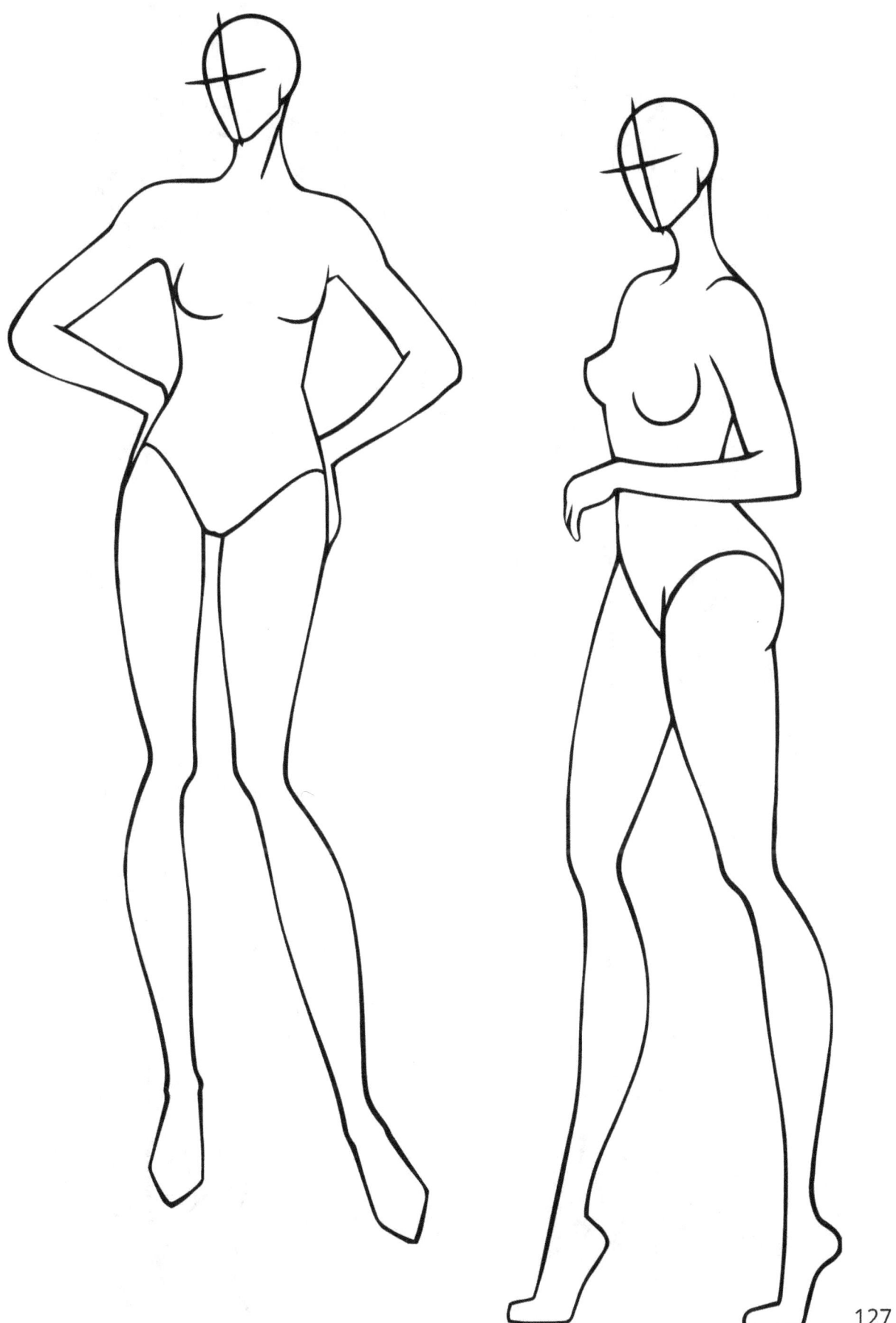

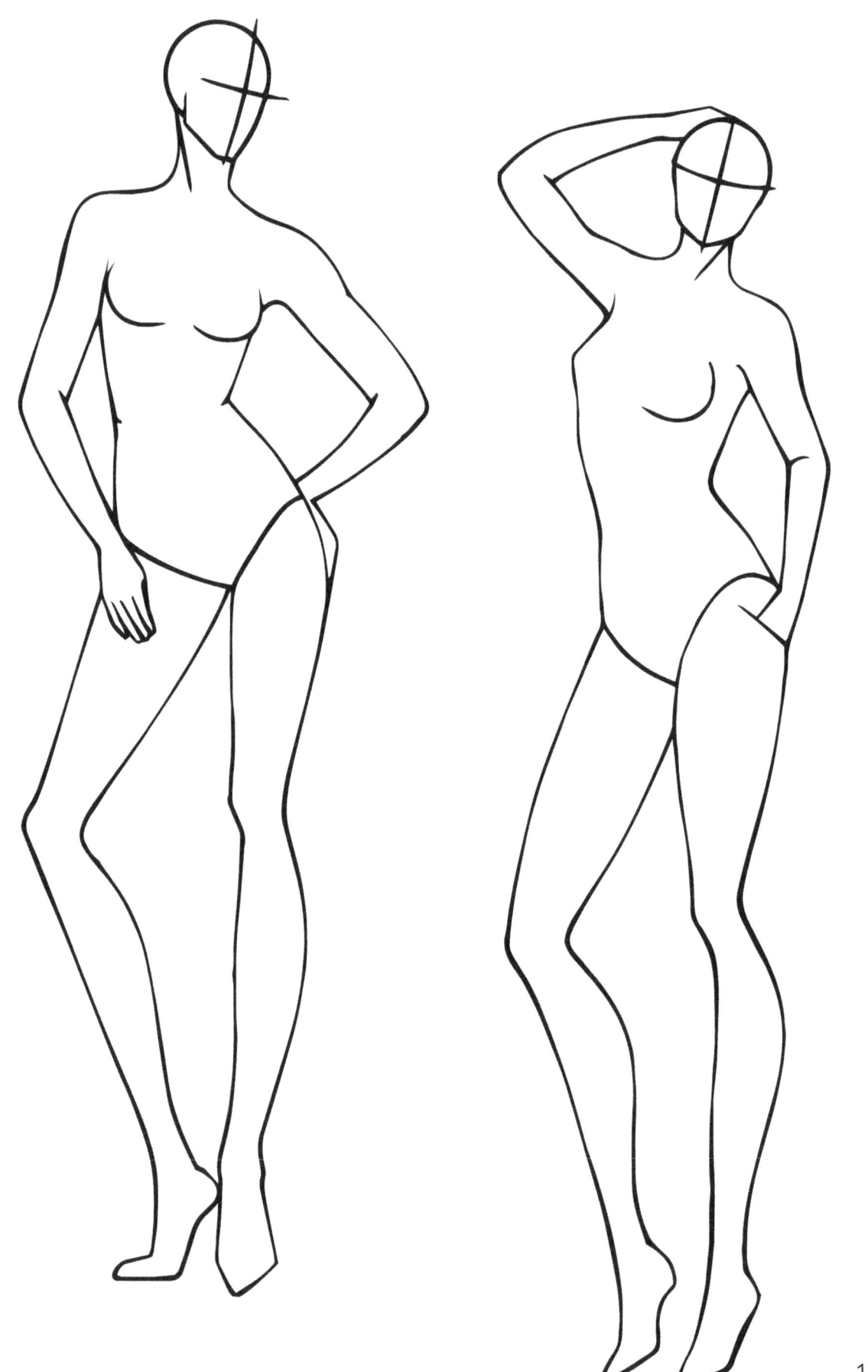

Tendances

Inspiration

Textiles

Notes

Détails

Échantillons

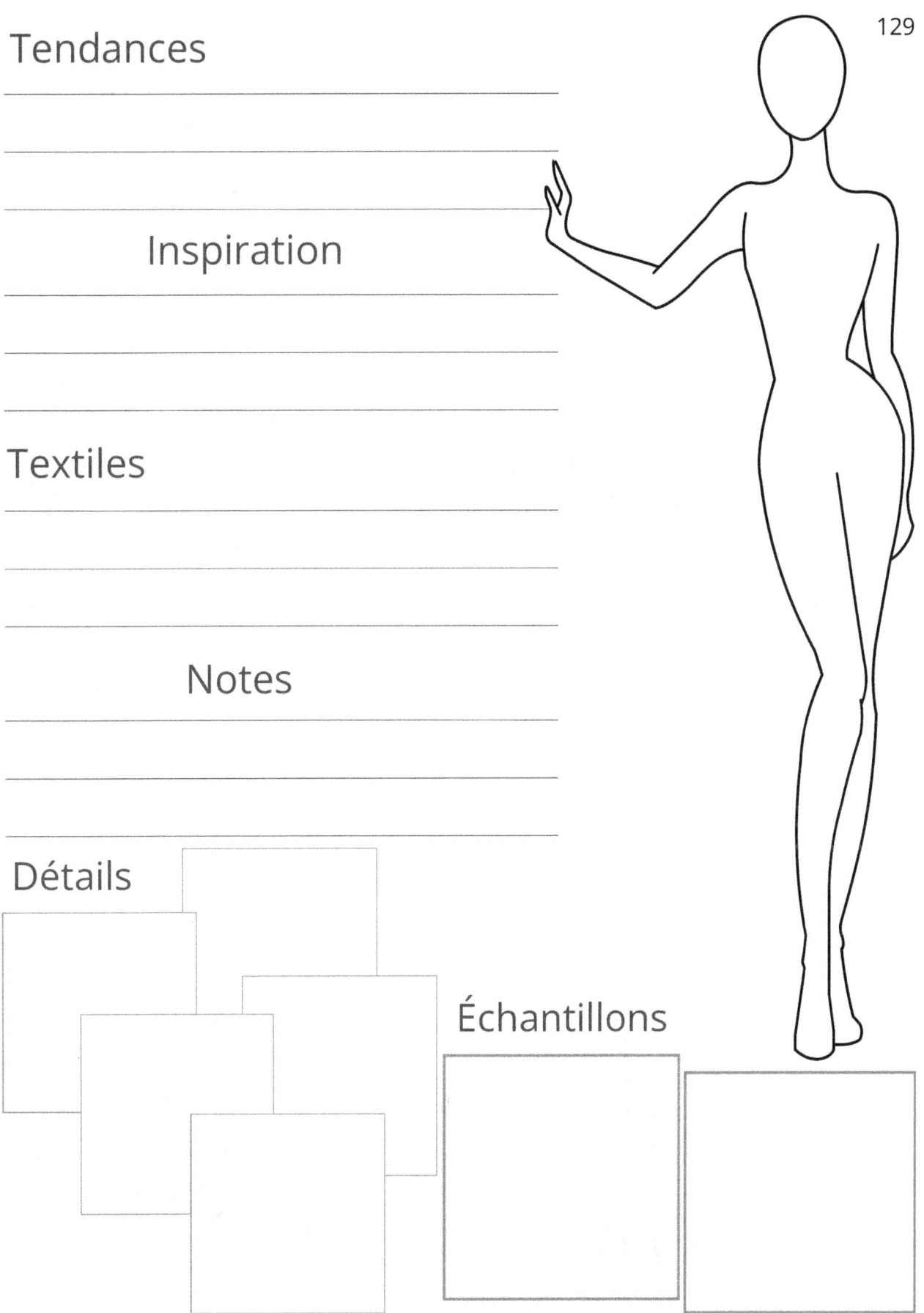

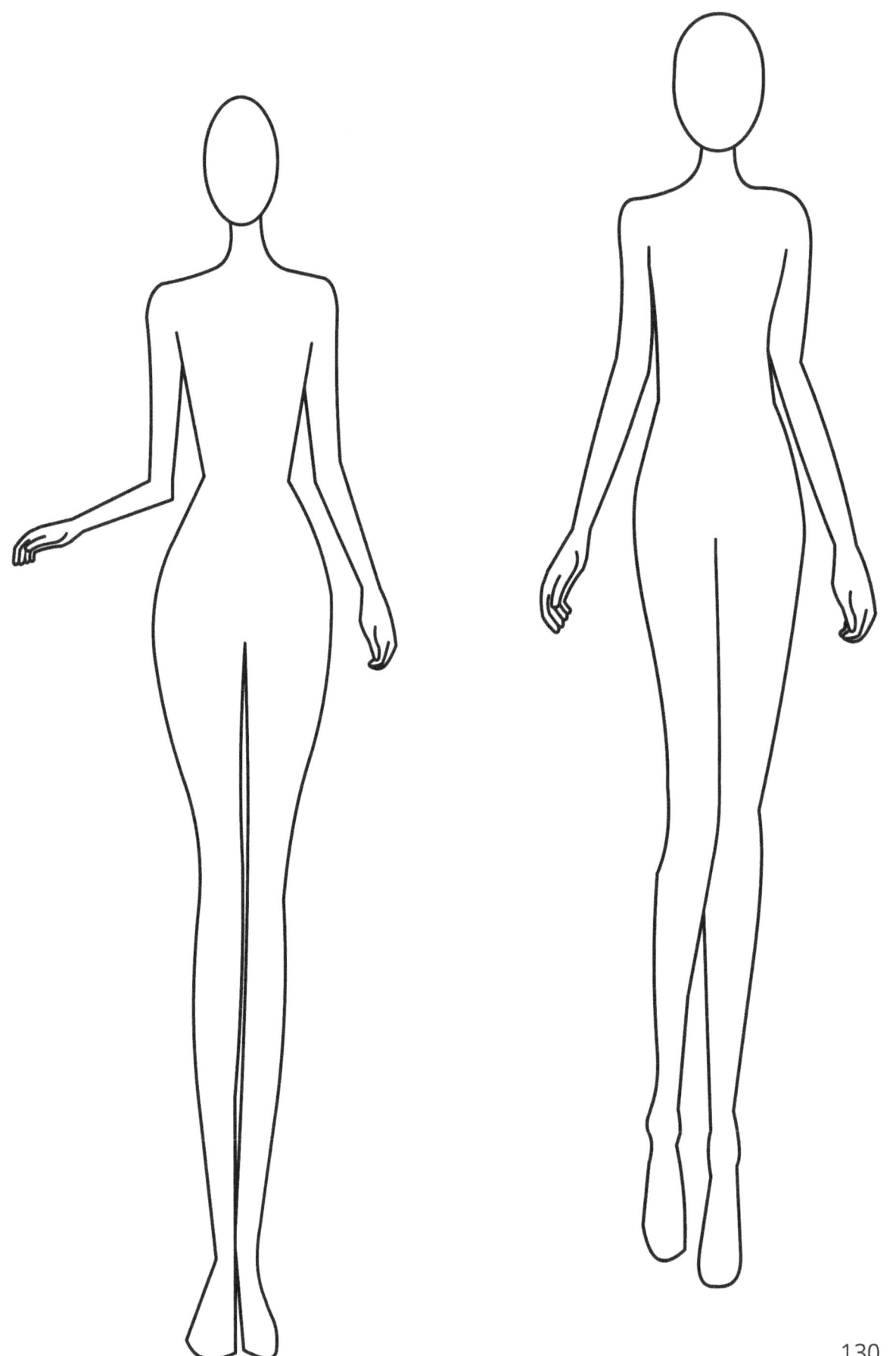

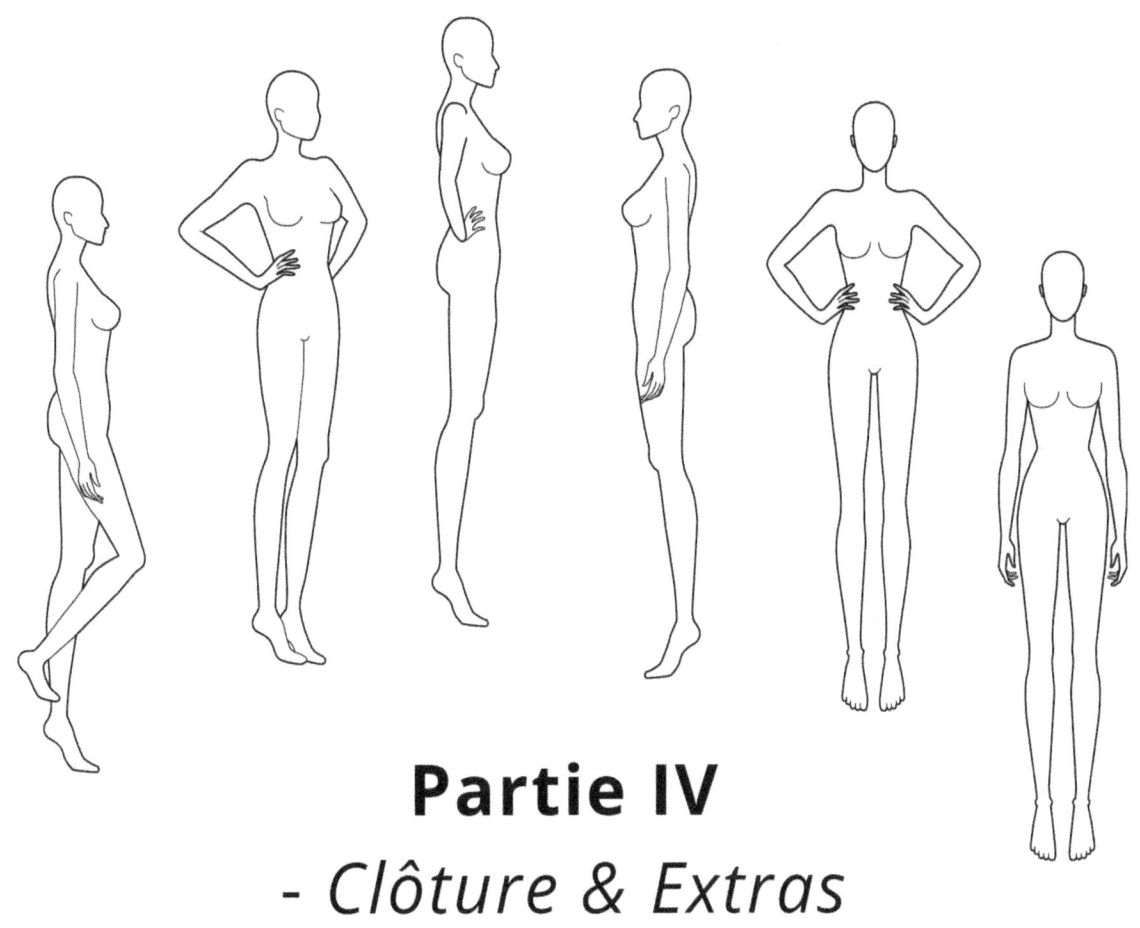

Partie IV
- Clôture & Extras

Le Bilan Créatif

Bienvenue dans le dernier chapitre de ton aventure mode !

Cette section est consacrée à la réflexion, à l'expérimentation et à la célébration de ton parcours.

Tu y trouveras des défis créatifs amusants, des idées de design et des espaces pour continuer à pratiquer et explorer ton style unique.

Souviens-toi : la créativité n'a pas de ligne d'arrivée.

Chaque page remplie ici prouve que ton imagination est sans limites.

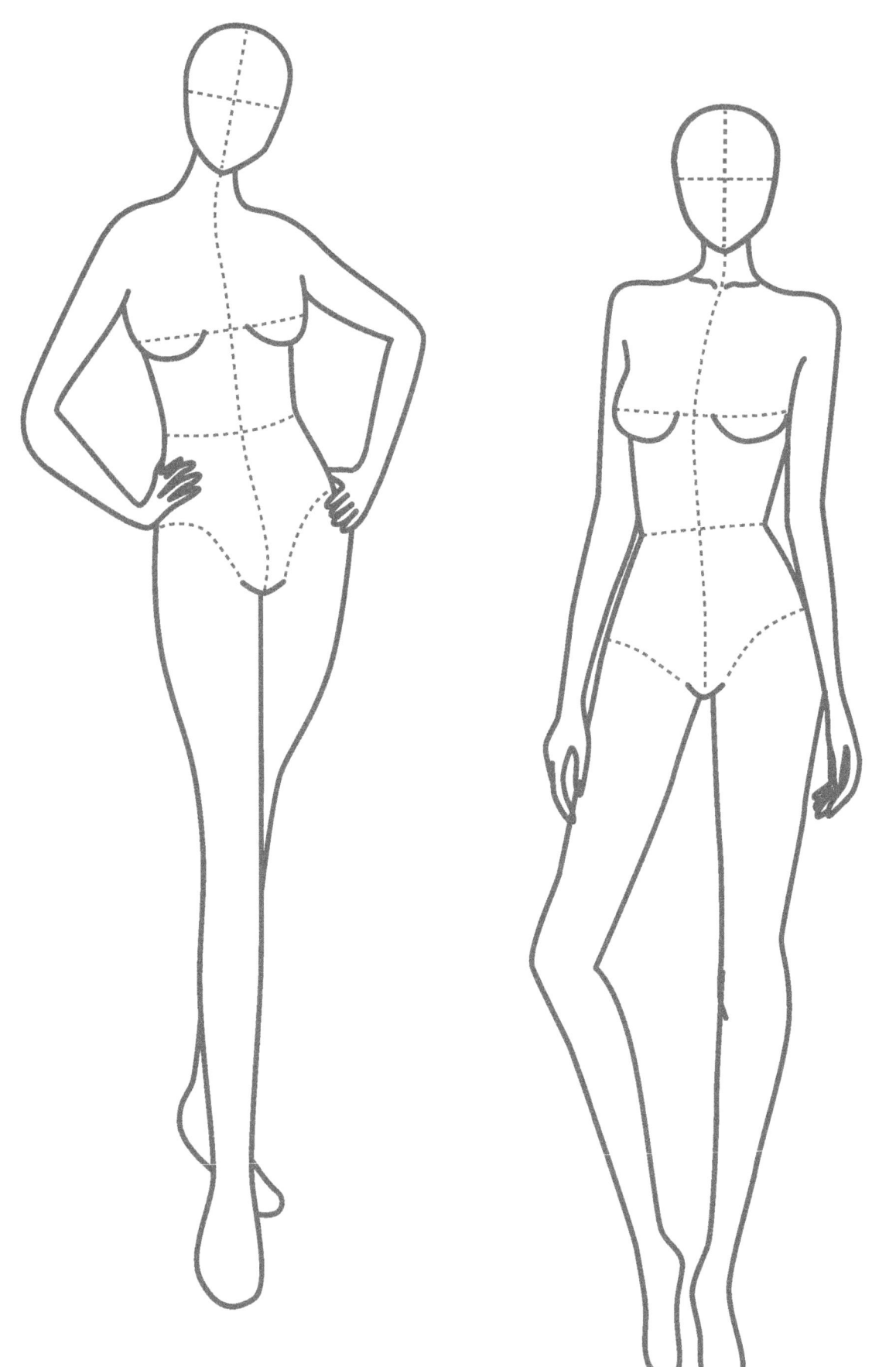

Réinvente une Silhouette Classique

Prends une forme intemporelle — comme une veste en jean, un trench ou une robe trapèze — et réinvente-la à ta manière ! Pense à la couleur, au tissu et aux détails qui pourraient la rendre complètement nouvelle et passionnante. Essaie des découpes, de l'asymétrie ou des surpiqûres originales.

Ce défi t'aide à apprendre à moderniser les classiques tout en préservant leur esprit d'origine.

Questions Guidées :
- Quel vêtement classique as-tu choisi ?
- Quelle touche moderne as-tu ajoutée ?
- Décris ta création en un mot.

Astuce Pro : *Même les légendes peuvent être réinventées. Classique + Créativité = Cool intemporel.*

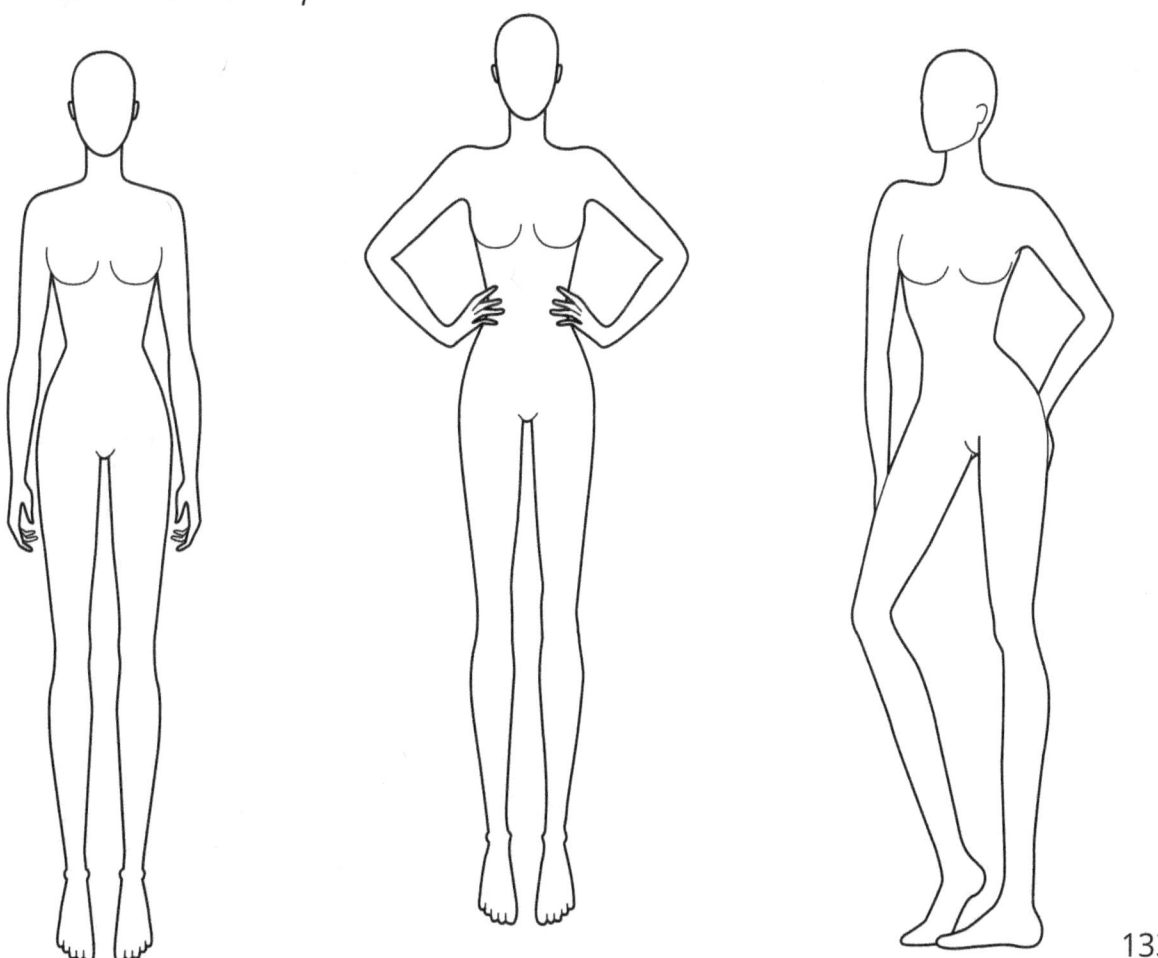

Défi Mini Capsule

Crée une garde-robe capsule de 5 pièces qui tiendrait dans ton casier d'école tout en reflétant ta personnalité. Choisis des hauts, bas et vestes qui se combinent pour créer plusieurs looks.

Cet exercice t'aide à maîtriser l'équilibre, la coordination et ton identité stylistique.

Questions :
- Quel est le thème de ta capsule ? (ex. : street cool, pastel doux, touche artistique)
- Quelles couleurs ou tissus ressortent ?
- Comment les pièces s'accordent-elles ensemble ?

Astuce Pro : *Quand chaque pièce s'harmonise avec les autres, tu crées de la magie.*

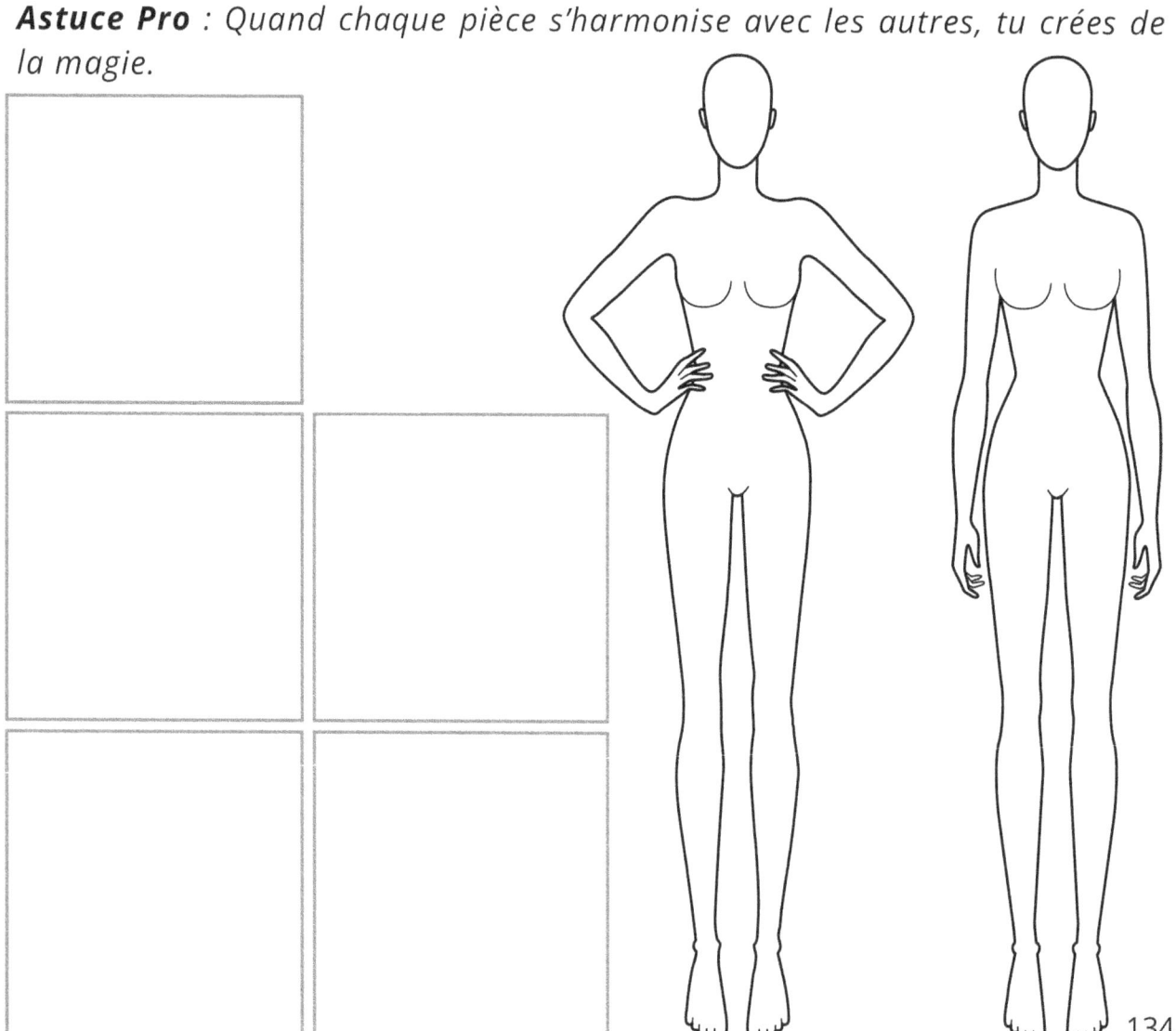

Inspiration Saisonnière

Choisis une saison — printemps, été, automne ou hiver — et conçois une tenue inspirée de son énergie. Va au-delà des clichés : l'hiver peut être rose et scintillant, l'été doux et naturel.

Laisse-toi guider par le ressenti de la saison.

Questions :
- Quelle saison t'a inspiré·e ?
- Quelles couleurs ou textures capturent son ambiance ?
- En quoi ton interprétation diffère-t-elle des styles saisonniers habituels ?

Astuce Pro : *Surprends — les saisons de mode sont ce que tu en fais.*

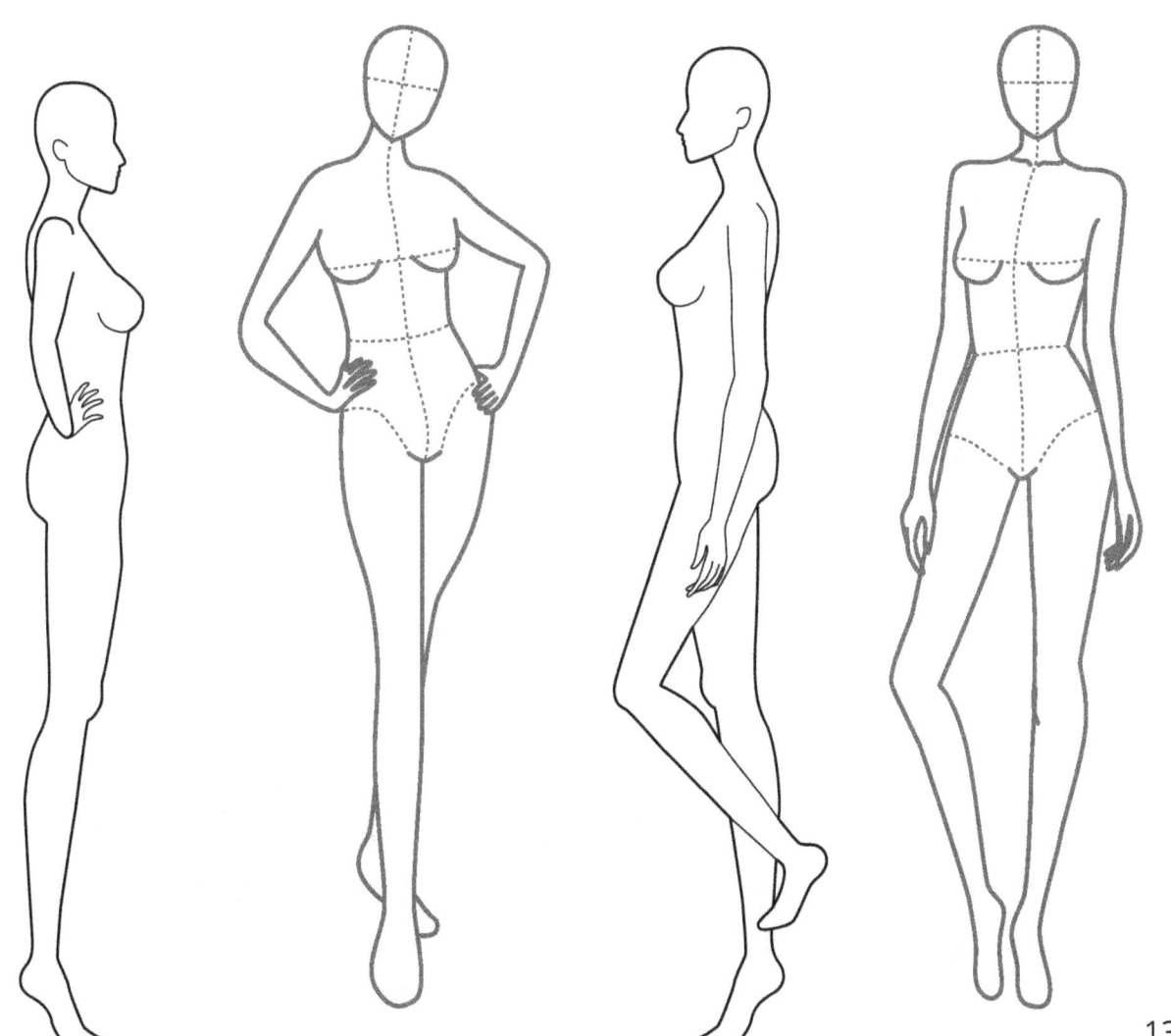

Défi T-Shirt Réinventé

Prends un basique — un simple t-shirt — et transforme-le en pièce audacieuse. Change les manches, raccourcis-le, ajoute des motifs, mélange les tissus ou transforme-le en robe ou en hoodie.

Garde la forme d'origine, mais rends-la inoubliable.

Questions :
- Quelle est l'ambiance de ton nouveau t-shirt ?
- Quel détail as-tu le plus modifié ?
- Où porterait-on ta création ?

Astuce Pro : *Une pièce simple = des possibilités infinies.*

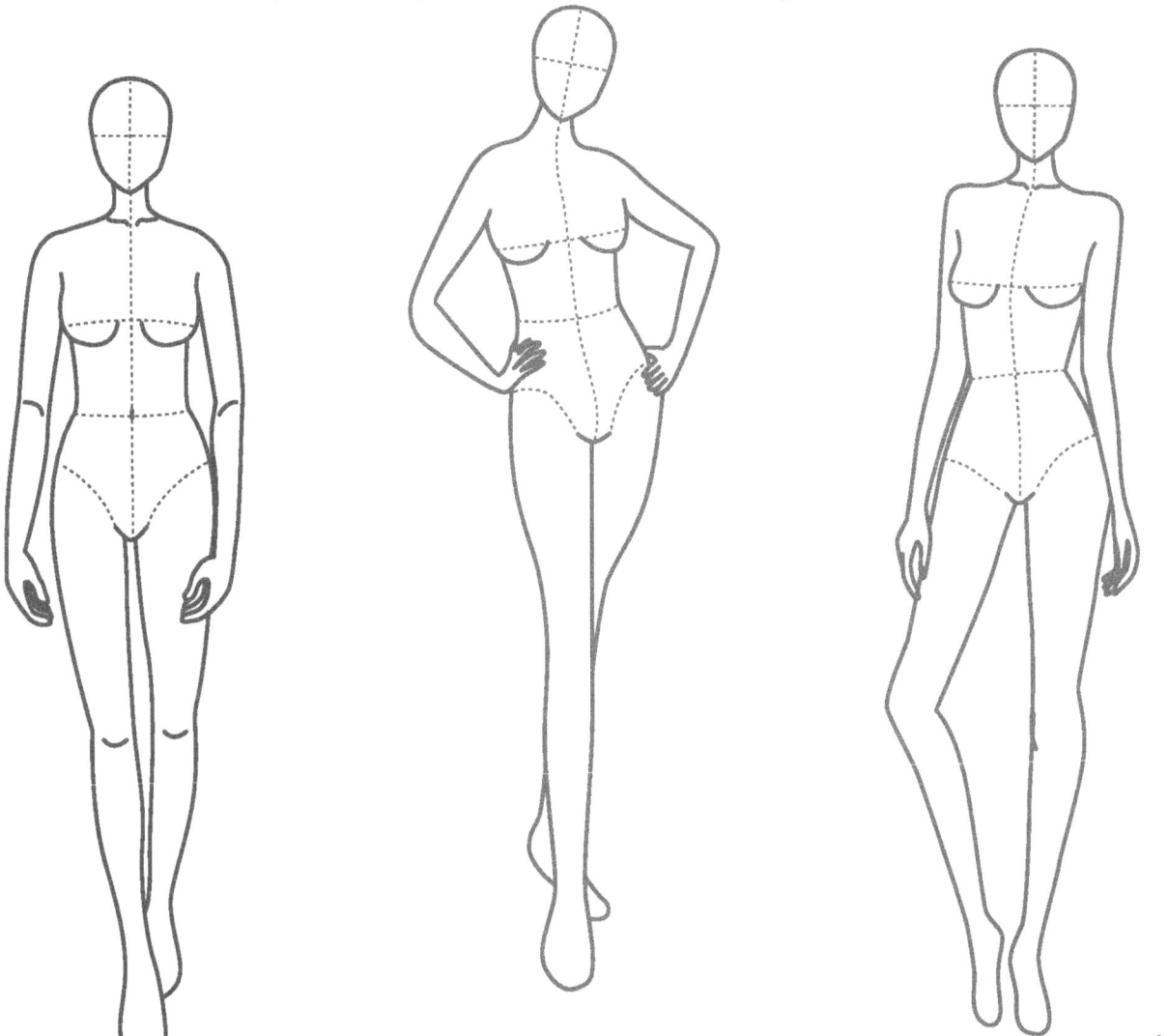

Mélange & Associe les Contraires

Combine deux styles qui semblent s'opposer — sportif + romantique, vintage + technologique, ou street + glamour — et fais-les fonctionner ensemble. Cet exercice t'apprend à mélanger les contraires avec assurance.

Questions :
- Quels deux styles as-tu fusionnés ?
- Quel détail les relie ?
- Ton look penche-t-il vers un style ou reste-t-il équilibré ?

Astuce Pro : *Le contraste, c'est là que naît la créativité.*

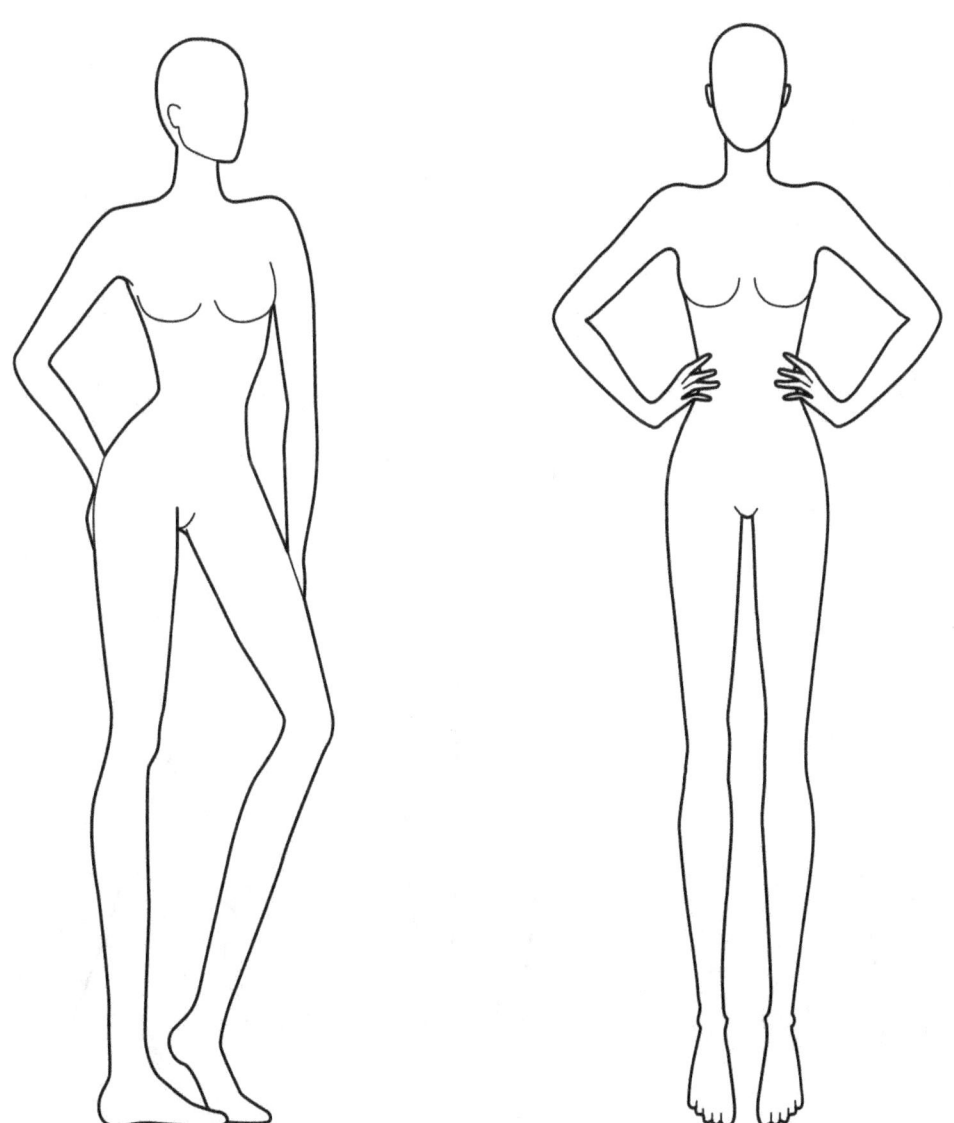

Focus Accessoires

Cette fois, ce sont les accessoires qui brillent ! Chapeaux, sacs, chaussures, bijoux — choisis tes favoris et construis la tenue autour d'eux.

Garde les vêtements simples pour que les accessoires se démarquent.

Questions :
- Quel accessoire est la star ?
- Comment ta tenue le met-elle en valeur ?
- Le look fonctionnerait-il sans lui ?

Astuce Pro : Les accessoires transforment un « joli look » en « wow, c'est tellement toi ».

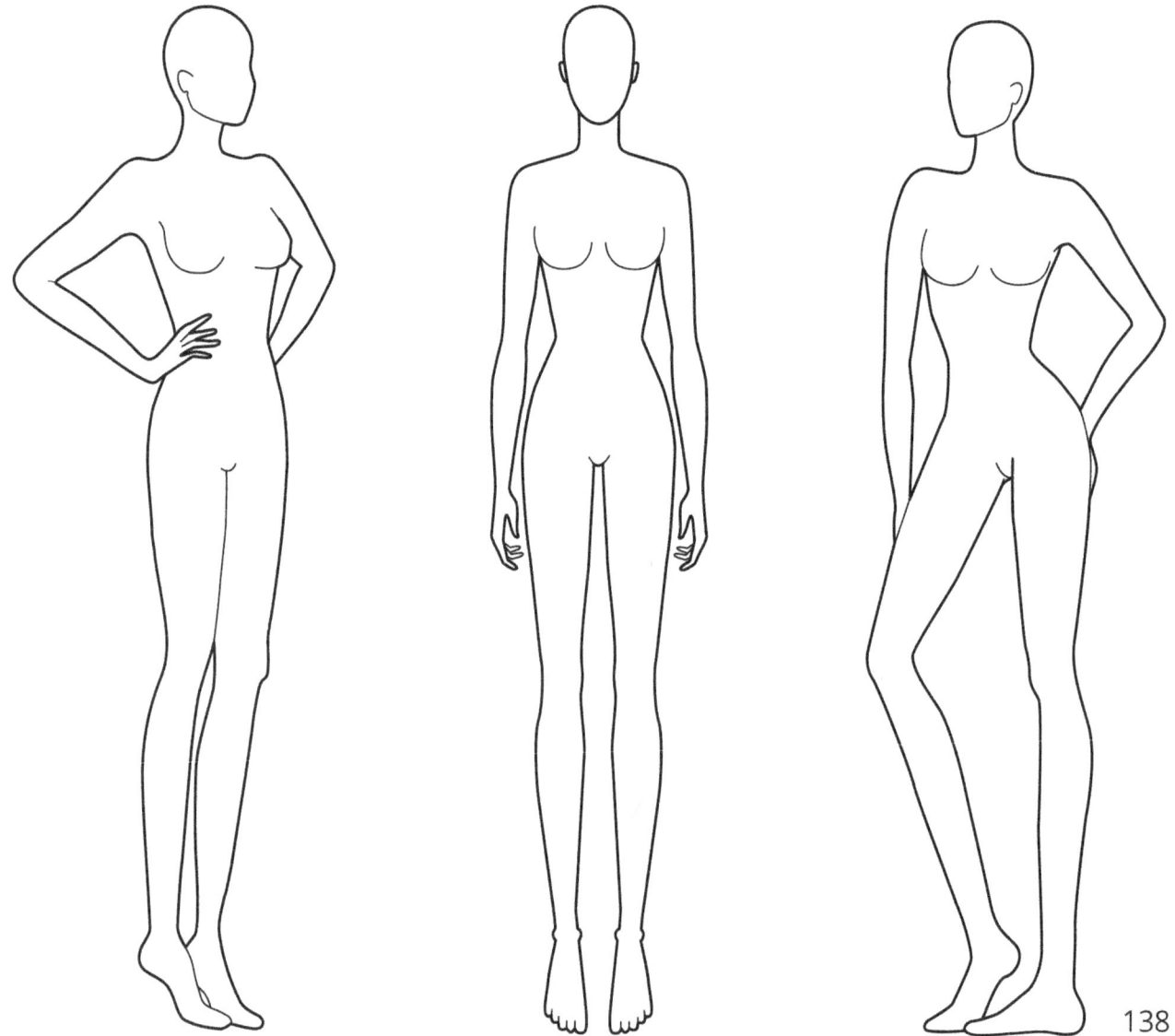

La Mode à Travers le Temps

Voyage dans l'histoire de la mode et revisite-la !

Pourquoi pas un mélange de grunge des années 90 et d'éclat des années 2000, ou de pattes d'eph 70s avec du streetwear moderne ? Prends une tendance iconique et rends-la actuelle.

Questions :
- Quelle décennie t'a inspiré·e ?
- Quelle touche moderne as-tu ajoutée ?
- En quoi ton look se relie-t-il aux tendances d'aujourd'hui ?

Astuce Pro : *La mode revient toujours — sois celle ou celui qui la réinvente.*

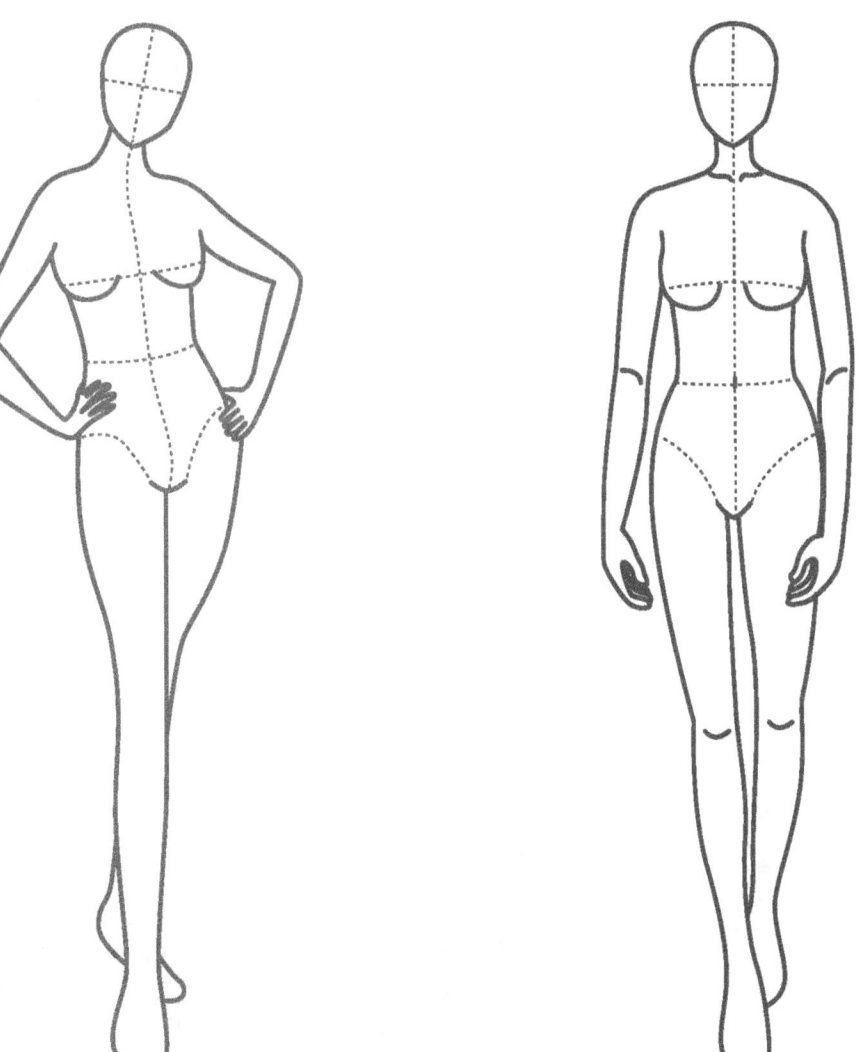

Du Moodboard à la Tenue

Rassemble des images, couleurs et textures qui t'inspirent, puis conçois une tenue qui reflète cette ambiance. Colle ou dessine ton mini moodboard, puis fais ton croquis à côté.

Questions :
- Quel est le thème de ton moodboard ?
- Quels détails ont inspiré ta création ?
- Ta tenue reflète-t-elle bien ton tableau ?

Astuce Pro :
Une vision claire rend le dessin tellement plus facile.

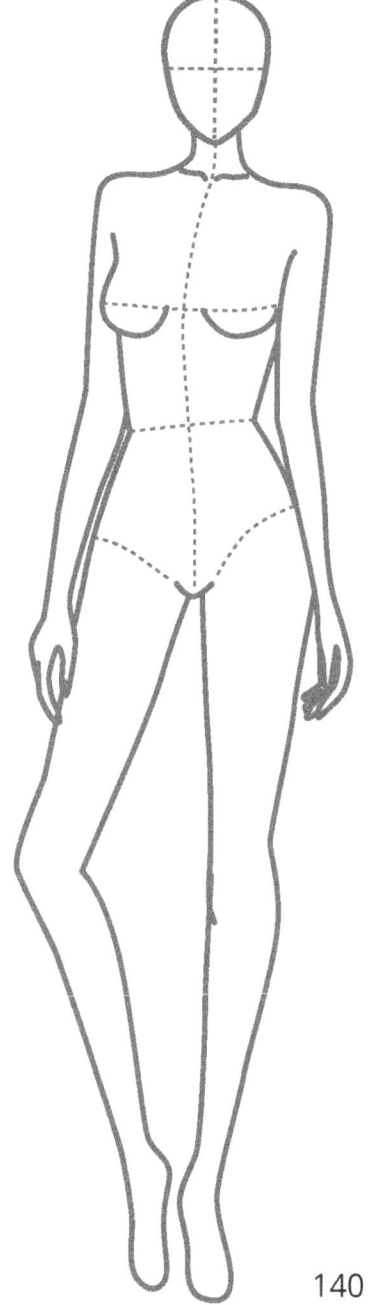

Liste de Vérification
du Jeune Designer

Tout ce dont tu as besoin pour tes sessions créatives — coche chaque élément à mesure que tu construis ton kit d'artiste !

Essentiels du Croquis
- Carnets de croquis & papier ....
- Silhouettes de mode à tracer ....
- Crayons (HB, 2B, 4B) ....
- Feutres fins & stylos à encre ....
- Gommes & taille-crayons ....
- Règle / Gabarits courbes français ....

Zone Couleur
- Crayons ou feutres de couleur ....
- Aquarelles ou gouache ....
- Échantillons de tissus / textures ....

Outils Créatifs
- Ciseaux / colle / ruban adhésif ....
- Mètre ruban / épingles ....
- Petite pochette portfolio ....

Extras Numériques (Optionnel)
- Tablette + stylet ....
- Applications de dessin ou logiciels de mode ....

Sources d'Inspiration
- Catalogues textiles / magazines ....
- Matériaux pour moodboards / images Pinterest ....

Astuce Pro : *Tes outils sont tes superpouvoirs — garde-les toujours prêts.*

Mes Tissus & Marques Préférés
– Notes & Échantillons

Note les textures et matériaux que tu aimes le plus !

Ajoute de petits morceaux de tissu, colle des échantillons ou des photos de tes marques favorites.

- Mes 3 tissus préférés : ....
- Tissus que je veux essayer : ....
- Boutiques / marques favorites : ....
- Tissu qui correspond à mon style : ....
- Matière de rêve pour créer : ....

Astuce Pro : *Tes choix de tissus racontent ton histoire de designer.*

_____
_____
_____
_____
_____
_____
_____
_____
_____
_____

Mon Journal de Mode Personnel

Tu es arrivé·e à la dernière section — mais c'est en réalité le début de ton aventure de jeune créateur·rice.

Utilise cette page pour noter tes réflexions créatives et tout ce que tu as appris.

- Ce que j'ai appris jusqu'ici : ....
- Mes créations préférées : ....
- Le style qui me ressemble le plus : ....
- Mes prochains objectifs de designer : ....

Chaque croquis est un pas en avant — continue à dessiner, à explorer et à grandir.

_____
_____
_____
_____
_____
_____
_____
_____
_____
_____

Félicitations !
Tu l'as fait !

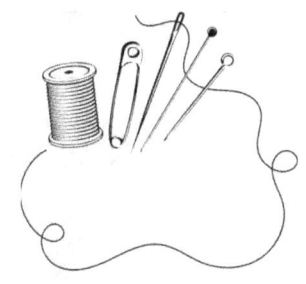

Félicitations, jeune designer !

Tu es arrivé·e à la dernière section — quel parcours incroyable !

Chaque page remplie t'a aidé·e à développer ta créativité, ton style et ta confiance.

La mode n'est pas qu'une question de vêtements : c'est une forme d'expression de soi.

À travers chaque dessin, tu as construit un langage visuel unique.

À retenir :
- Progression = Pratique + Passion
- Ton style est ton superpouvoir
- Ne cesse jamais de créer

Nous serions ravis d'avoir de tes nouvelles !

Si ce carnet t'a inspiré·e, partage ton avis ou montre tes créations en ligne pour inspirer d'autres jeunes artistes.

Astuce Pro :
Le monde a besoin de ta vision —
continue à la faire briller !

Niky Jadesson

Merci !
(Message final)

Merci d'avoir été là !

Nous espérons que ce carnet de croquis pour ados t'a inspiré·e à créer, explorer et rêver grand.

Ta créativité compte énormément pour nous !

Si tu veux partager tes idées, réflexions ou suggestions, écris-nous à :

nikyjadesson@gmail.com

Tu peux aussi découvrir d'autres carnets créatifs en cherchant : **Niky Jadesson Books** en ligne.

*Continue à dessiner,
à apprendre,
et à briller de mille feux !*

Niky Jadesson

Merci d'avoir choisi ce livre !

  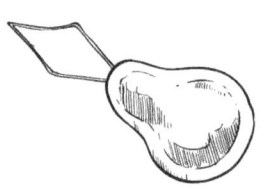 

Nous sommes très fiers de l'imagination et de l'énergie que tu as mises dans tes créations.

Si ce carnet t'a aidé·e à progresser, laisse un petit avis — cela aidera d'autres jeunes designers à le découvrir.

Envie de plus ?

Cherche **Niky Jadesson Books** pour trouver d'autres versions créatives et thèmes de design !

Souviens-toi :
- Continue à dessiner
- Continue à créer
- Continue à rêver

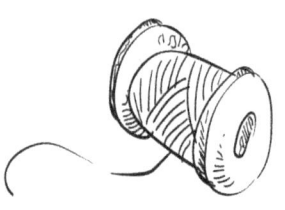

Niky Jadesson

À propos de l'auteure

Niky Jadesson est auteure et designer. Elle croit que l'apprentissage doit toujours être créatif et amusant.

Ses livres aident les jeunes artistes et rêveurs à explorer la mode, l'art et l'expression de soi avec confiance.

Elle puise son inspiration dans les promenades en nature, les moments café, et la curiosité infinie qui naît en dessinant de nouvelles idées.

Sa mission : inspirer la prochaine génération de créateurs — une page à la fois.

Découvre-en plus

en cherchant

Niky Jadesson Books.

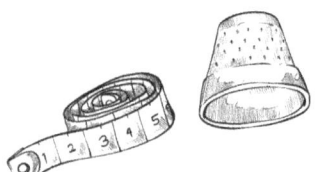

Mini Glossaire de la Mode (pour Ados)

- **Silhouette** – La forme générale d'un design.
- **Patron** – Modèle servant à découper les pièces d'un vêtement.
- **Drapé** – Manière dont un tissu tombe ou bouge.
- **Couture** – Ligne où deux tissus sont assemblés.
- **Ourlet** – Bord inférieur d'un vêtement.
- **Corsage** – Partie supérieure d'un habit.
- **Plis** – Repli donnant du volume ou du mouvement.
- **Textile** – Tout tissu tissé ou tricoté.
- **Fibre** – Matière à partir de laquelle un tissu est fabriqué (coton, soie, etc.).
- **Superposition** – Association de plusieurs vêtements dans un look.
- **Moodboard** – Collage d'images servant d'inspiration.
- **Tendance** – Style ou couleur populaire du moment.
- **Mode durable** – Création respectueuse de la planète.
- **Fast fashion** – Mode rapide et éphémère.
- **Haute couture** – Créations de luxe, uniques et faites à la main.
- **Garde-robe capsule** – Quelques pièces qui s'accordent parfaitement entre elles.
- **Collection** – Ensemble de créations coordonnées par un·e même designer.

Astuce Pro : *Parler le langage de la mode t'aide à créer comme un·e pro.*

Certificat de Réalisation

CARNET DE CROQUIS DE MODE – ÉDITION ADOS
par Niky Jadesson Books

Ceci certifie que

_____

a complété ce carnet de croquis de mode avec créativité, imagination et persévérance !

Tu as exploré les tendances, pratiqué le dessin de silhouettes, expérimenté les textures et développé ta propre voix stylistique.

Chaque croquis est une étape vers ton futur artistique.
Sois fier·e. Reste inspiré·e. Continue à créer.

Signé : _____
(Ta signature)

Date : _____

Astuce Pro : Ce n'est pas la fin — c'est un nouveau départ.
Le monde est prêt pour tes créations !

www.ingramcontent.com/pod-product-compliance
Lightning Source LLC
Chambersburg PA
CBHW081359070526
44583CB00020B/2602